育儿心法

商宁◎编著

 新疆文化出版社

图书在版编目（CIP）数据

育儿心法 / 商宁编著 .-- 乌鲁木齐：新疆文化出
版社，2025.3. -- ISBN 978-7-5694-4780-4

Ⅰ . G78

中国国家版本馆 CIP 数据核字第 20250RX956 号

育儿心法

编 著 / 商 宁

策 划	王国鸿	封面设计	天下书装
责任编辑	张 翼	责任印制	铁 宇
版式设计	凡琪文化		

出版发行　新疆文化出版社有限责任公司
地　　址　乌鲁木齐市沙依巴克区克拉玛依西街1100号（邮编：830091）
印　　刷　三河市嵩川印刷有限公司
开　　本　710mm×1000mm　1/16
印　　张　8
字　　数　140千字
版　　次　2025年3月第1版
印　　次　2025年3月第1次印刷
书　　号　ISBN 978-7-5694-4780-4
定　　价　59.00元

前言

《战国策·触龙说赵太后》曰："父母之爱子，则为之计深远。"

为人父母者，为孩子殚精竭虑，为孩子的成长付出了大量的时间和精力。如果真正地爱孩子，就要对孩子的未来进行谋划，为孩子的将来作长远打算。

父母要为孩子作长远打算，就要帮助孩子成就最好的自己。

换言之，父母要理智地爱孩子，周密地考虑孩子的前途，不能只看重短期利益。

俗话说，"三岁看大，七岁看老"。孩子出生后，伴随着孩子的渐渐成长，父母就会发现，孩子会展现出一种毫无培养痕迹的特征，似乎是与生俱来的。

由此可见，每个孩子都是独一无二的个体，生来就具备一些与众不同的特性，都有独特的天赋能力，都有不同的性格和志趣。

作为父母要因材施教，依照孩子的特性和天赋充分挖掘他的潜能，遵循优势教养的特点，充分挖掘孩子的优势，发扬孩子的长处，为他的人生和未来做一个大体的、长远的规划，而不是把孩子当成自己的附属品，把自己的未实现的梦想和愿望强加到孩子身上。

父母要为孩子作长远打算，就要给孩子真正的爱，从而激发出孩子最优秀的一面。

那么，什么是真正的爱呢？

真正的爱，应当能给孩子带来一种力量，它不仅仅是对孩子给予关心和陪伴，更重要的是能给孩子一种恒定的安全感，能激发出孩子内心深处最积极、正向的能量，让孩子成为更好的自己。

其次，父母要教好子女，不是靠资源和条件，而是要靠德行。

父母要认识到，要培养一个人格健全的社会人，首先要自己修德；与此同时，在教育孩子的过程中，要以道德教育为主。对于知识的学习，则要在此之后。

正如孔子所说："弟子入则孝，出则悌，谨而信，泛爱众，而亲仁。行有余力，则以学文。"

上面的古文用现代的话来讲，就是孩子要孝敬父母，敬重兄长，行为谨慎且信守诺言，博爱众人，靠近有仁德之人。做到这些之后若尚有余力，就可以去学习书本上的知识了。

父母要教出好子女，要靠德行，不仅要修自己的德行，更要教育孩子修身养性，做好孩子的品德教育。要让孩子成为一道光，不仅照亮自己，还要温暖他人。

总之，父母要教好子女并非易事，需要经历一个长期的过程。希望这些育儿心法能够给你带来启发，将孩子培育成栋梁之材。

目
录

第七章　格 局 养 育　成 就 未 来

第一章

父母爱子
为计深远

- 教好子女，要靠德行

- 父母爱子，为计深远

- 为学日益，优势教养

- 利用优势，改正缺点

教好子女，要靠德行

每一对父母，从孩子呱呱坠地开始，就担负起教养子女的责任与义务。大部分父母都对孩子寄予了很高的期望，有着望子成龙、望女成凤的希冀。即使对孩子没有太高期望的父母，也都希望孩子能够长大成人，自力更生，至少要做一个好人。

那么，一个重要的问题就摆在大家面前：要如何才能教出好子女呢？

01

很多父母都有一个错误的认知，认为要教出好子女，需要为孩子提供优渥的条件，需要为孩子提供大量的资源。

对此，商业财经杂志《商业周刊》的创始人金惟纯有不同的见解。

他在《怎样教出好子女》一文中写道："教出好子女，不是靠资源和条件，而是靠德行。"

那么，他是如何得出这个结论的呢？这要从他身边的朋友说起。

金惟纯的一个朋友是成功人士，很有事业心，资产颇丰，为家人提供了非常优渥的生活。朋友的妻子经常对儿子耳提面命，让儿子以父亲为榜样，向父亲学习。

可令人遗憾的是，儿子每天无所事事，毫无斗志，父子关系很不融洽，虽然生活在同一个屋檐下，却像陌生人一样。

朋友对此很是烦恼，却不知如何是好。有一天，他忽然意识到了问题的根源：因为家里的地下车库里停着跑车，儿子一出生就住着别墅，吃着山珍海味，根本就没有奋斗的动力。再者，他的妻子每天让儿子向他学习，可从儿子的角度来看，父亲的起点太高了，儿子即使努力一辈子，也未必追得上父亲。

于是，朋友把跑车卖了，把公司交给职业经理人管理，闲下来的时间就去做义工，同时耐心地与儿子沟通。

过了很长一段时间之后，父子关系变得非常融洽，儿子慢慢接纳了他，同时也在他的引导下找到了自己要努力的方向。

02

金惟纯还有一个朋友是白手起家，朋友的父母是渔民，世代生活在一个非常贫瘠的渔村。他有九个兄弟姐妹，父母为了养大这些孩子付出了太多。

朋友从小看到父母如此辛苦，就暗下决心要改变家族的困境。他一路付出了太多的艰辛和努力，终于成了一个非常厉害的专业人士。

朋友的父亲去世的时候，朋友带着儿子办丧事，非常认真地告诉儿子："我此生最大的骄傲，就是能够成为你爷爷的儿子。"

他对于父辈的这种敬佩让儿子深受感染，也让儿子受到了很好的教育。

03

如今的父母经常会产生一种困惑，为什么现在的物质条件这么好，资源如此丰富，孩子却毫无斗志，甚至对自己的父母都缺乏尊重？而我们的父辈所生活的环境如此艰难，还能教育出比他们自己的成就更大的子女？

金惟纯指出症结所在：因为我们从小所看到的，是父辈们吃尽苦头依旧坚韧不拔地面对生活；而我们的孩子从小所看到的，是我们如何享受物质生活。与上一代人相比，我们很容易因为自己所取得的成绩而过分骄傲，因为经济条件太好而心生傲慢，我们所缺少的，是那种骨子里的谦虚与质朴。

上面两个故事所展现出来的就是非常典型的两种家庭教育情况，由此就可以看出，要教出好子女，靠的不是优渥的经济条件，也不是优厚的各种资源，而是父母的德行。

父母爱子，为计深远

为人父母，爱子之深切，必为之计深远。真正的父母之爱，不是对孩子的宠溺，而是深谙他们独特的天赋与潜力，并为之精心谋划未来的成长之路。

01

每个孩子都有自己的闪光点，父母的任务不是将他们塑造成理想中的模样，而是用心发现他们的优势，并帮助他们找到自己的方向。也许你的孩子喜欢画画，虽然还不够精致；也许他热爱搭建积木，暂时还没有惊艳的作品。可这些兴趣和热情，正是他天赋的萌芽。父母需要做的，是用鼓励和引导，让他的优势慢慢绽放。

父母要帮助孩子挖掘自己的独特之处，找到最适合自己的成长路径。真正的父母懂得，与其强迫孩子追逐看似美好的目标，不如帮助他们成为最好的自己。

每个孩子都是独一无二的。

对于这一点，家里有两个孩子的父母最有体会：明明是出生在同一个家庭，同一个父母所生的两个孩子，性格、爱好、特长却有天壤之别。

关于这一点，早在几千年前，我国伟大的教育家孔子就已经发现了，所以，他提出了"因材施教"的教育观点，针对每个学生的具体情况，采用不同的教育方式和教育方案。

作为父母也应当如此，要因材施教，依照孩子的特性和天赋充分挖掘他的潜能，为他的人生和未来做一个大体的、长远的规划，而不是把孩子当成自己的附属品，把自己未曾实现的梦想和愿望强加到孩子身上。

如果一味地只按照自己的意愿养育孩子，就会忽略孩子自身的特性、天赋和需求。

很多父母表面上在养育孩子，而他们的所作所为本质上与孩子自身无关，都是带着自己的心理问题在管教孩子，借机宣泄自己的情绪。

02

父母要为孩子做长远打算，就要给孩子真正的爱，从而激发出孩子最优秀的一面。

这种爱，能让胆小的孩子变得勇敢，能让怯懦的孩子学会担当，让孩子成长为更好的自己。

小明是一个比较胆小的男孩，每次去游乐园玩一些稍微有点挑战性的项目，就表现出一种很害怕的样子。

很多父母在这时候就会怪孩子太胆小，强迫孩子去玩，即使孩子被吓哭了也一意孤行。其实，这样不仅不会让孩子变得更勇敢，反而会让孩子产生心理阴影。

还有的父母，一看到孩子害怕了，就马上把孩子带到一边，而且以后再也不带他玩危险的项目。其实这种做法是不合适的，因为孩子的这种胆小不只和个性有关，还和年龄有关。

小明的妈妈很清楚这一点，她既没有强迫小明去玩危险的项目，也没有马上带小明离开，而是将小明抱在怀里轻声安慰，同时给他鼓励，然后陪着他一起玩。

在妈妈的陪伴下，小明发现，原来他害怕的项目并没有那么可怕，还挺好玩的。通过这次体验，小明的胆子变大了。

由此可见，只要父母能够给孩子真正的爱，一直给他最大的支持，他的内心就会变得稳定，从而产生一种面对这个世界的力量与勇气。

为学日益，优势教养

每个孩子都有自己的优势，也有自己的缺点。身为父母，要对孩子进行优势教养，即父母要着重培养孩子的优势。具体而言，父母要重点选取孩子感兴趣、有天赋的领域进行培养，将其发展为孩子的技能。

01

很多人都认为，要使孩子走向成功，就要帮助他们克服缺点。其实，这种方法并不科学。正确的做法应该是，关注孩子的优点，帮助他们充分发挥自身优势，并利用优势解决自己不擅长的问题。

这样能促使孩子发现自己的才能，变得更加乐观，也能使父母成为更好的自己。因为利用积极的心态来关注孩子自身优势的教养方式，能够产生惊人的良好效果。

首先，要搞清楚优势教养的概念。

那么，什么是优势教养呢？

简单而言，优势教养就是通过强化优点的方法对孩子进行教育，能帮助孩子更好地成长。

具体而言，优势教养是指关注孩子的优点，了解孩子的优势，并通过科学的方法帮助孩子充分发挥优势，利用优势弥补自己的不足之处，从而使孩子变得乐观、坚韧，以积极的心态掌控自己的人生。

童童就是优势教养的受益者。

几年前，童童的妈妈总是拿别的孩子的优点对比童童的缺点，越看童童越觉得她有很多的问题，每天都执着于改变童童的缺点，母女之间的关系很紧张。

直到有一天，童童的妈妈了解了优势教养，便用优势教养的方式养育童童，根据童童的个性特点对童童进行了综合评估，发现童童原来具备那么多优点，只是自己之前忽略了。

接着，童童的妈妈还运用了很多具体的方式引导童童发挥自己的优势，从而真正转变了教养观念和教养方式，从根本上解决了童童的教育问题和成长问题，将童童培养成了一个非常优秀的中学生。

02

那么，如何认清孩子的优势呢？

其实，优势所包括的范围很广，可以是某项技能、才能，比如跑得很快、会弹钢琴、会画画等，也可以是某种个性特征，也就是性格中的对人对己都很有益处的积极面，比如善良、有正义感等。

作为父母，要判断自己的孩子是否具备某种优势，就要看是否满足这三个要素：表现优异、充满激情和高频使用。

这三个要素很容易理解，简单而言，表现优异，就是指擅长做；充满激情就是做事的时候非常投入，甚至忘记了时间；高频使用，就是经常去做同一件事。

换言之，一个人擅长做、经常做而且满怀激情地去做的事情，就是他的优势，也可以称为核心优势，比如莫扎特在很小的时候就表现出非常高的音乐天赋。

如果孩子在某方面表现优异，充满激情但使用频率不太高，那就可以把这方面的特长归为成长型优势。那在父母的引导下，对这一优势多加培养或者是在遇到合适的机会时，就会转化为核心优势。

如果孩子在某方面的表现较好，使用频率也比较高，但毫无激情，那就属于习得行为。父母可以帮助孩子发展习得行为，但一定要充分认识到，孩子要付出非常多的努力才能在这方面有所提高，而且，即使经过长时间的努力，他最终的表现水平也会非常有限，不会特别优异。

如果孩子在某方面不具备优势三要素，表现平平，没有激情，而且使用频率不高，那这方面就属于他的劣势，就不要在这方面花费太多的时间进行培养，而是要引导他用正确的态度看待自己的劣势。

03

在养育孩子的过程中，有一个无法忽略的问题，即父母很容易过度关注孩子的劣势，经常习惯性地想要批评孩子，无法做到优势教养。

为什么会出现这种问题呢？其根本原因是什么？又该如何应对呢？

究其根本，无论是对于孩子，还是身边的其他人和事，人们总是习惯于关注负面因素。这是因为，我们的大脑中存在着四种消极机制，分别是负面偏见、选择性关注、投射和二元对立思维。

所谓负面偏见，指的是相对于正面信息，人们对负面信息更为敏感。我们俗话说的"好事不出门，恶事行千里"就体现了这一点。

再比如，你的孩子在这次期末考试中，数学和英语考了满分，语文有一道小题没做对，考了96分。

当孩子兴高采烈地把试卷拿给你，希望得到你的表扬时，你首先关注的是他的语文试卷，尤其是错的那道题，开始训斥孩子怎么不认真学习，不认真听课，白白丢了4分，别人家的孩子考了满分……而没注意到孩子的卷面很整洁，字迹很工整，比上次进步了5分，数学和英语成绩是全班第一。

为什么会这样呢？

要知道，负面偏见是一种非常古老的生存机制，是刻在我们基因里的，因为早在远古时期，人类的生存环境非常恶劣，如果不特别关注潜在的危险，一个小小的失误就有可能导致性命不保。

时至今日，虽然很多失误对人类的威胁已经很小了，但大脑的这一机制依然保留在基因深处。

这种机制提醒我们，如果我们能像关注孩子的缺点一样关注优点，就会发现，孩子并没有我们以为的那么糟糕。

第二种消极机制是选择性关注，指的是人们主动把注意力集中在某一件事情上，而忽略了其他所有的事情。

这是大脑进化的产物，是大脑对所有输入的信息进行过滤的一种方法，但会导致我们错过非常重要的信息，无法客观地对周围发生的事情进行评估。

认清这一机制，我们可以有意识地选择自己的关注点，把注意力集中到孩子的优点而不是缺点上。

第三种消极机制是投射，指的是人们下意识地把自己的负面形象归因到其他人的身上，或者是把自己期望的优点强加到其他人身上。

认清这种机制，能促使我们对自己进行反思，并看到孩子真实的一面。

第四种消极机制是二元对立思维，指的是把优势和劣势看成两个对立的极端。比如认定孩子非常内向，就觉得这是缺点，很难改变。但事实上并非如此。

这四种消极机制看起来非常强大，不过要摆脱它们也并非难事。要做到这一点，可以采用一个非常独特的方法，也就是运用优势开关，让你的负面思维暂停，转换到优势思维上。

要怎么才能做得到呢？

你可以想象，在你的大脑中有一个开关，连接着两盏灯，一盏灯象征着负面思维，另一盏灯象征着正面思维。当你意识到自己在关注孩子的缺点时，就告诉自己"按下开关"，接着就在想象中按一下脑海中的开关，把象征负面思维的灯关掉，把象征正面思维的灯打开。

这样可以提醒你注意，先关注孩子的优势，再关注他的缺点。

总之，优势教养就是利用科学的方法，从优势出发培养孩子。只有满足优势的三个要素——擅长做、经常做而且满怀激情地去做的事情，才是孩子的真正优势所在。

其次，人们总是无法做到优势教养的根本原因是大脑中的消极机制。

对此，可以采用一个独特的解决方法，即运用优势开关的方法，把注意力转移到孩子的优势上。

最后，要做到优势教养，就要遵循相应的策略，同时还可以从优势出发，利用正念法和优势替代法，引导孩子，从而使孩子改正缺点、战胜自我。

总之，父母要采用优势教养的方式，让孩子充分发挥自身的优势，激发孩子的最大潜能，让孩子成为更好的自己。

利用优势，改正缺点

　　每个孩子都有自己的优点和缺点。父母如果总是关注孩子的缺点，就会引导孩子把注意力都放到自己的缺点上。

　　所以，父母在养育孩子的过程中，要采用优势教养的方式。与此同时，还可以利用孩子的优势帮助孩子改正缺点。

01

　　父母要做到优势教养，就要从优势出发对孩子进行培养。具体而言，包括优势教养策略以及利用优势改正缺点的方法。

　　要实施优势教养策略，首先要具有成长型思维模式，换言之，要相信孩子所有的品质、个性等都会变得越来越好。

　　最重要的是，父母的思维模式会潜移默化地影响孩子。要知道，没有任何一种优势是天生就完全具备的，都需要经过后天的努力和练习。

　　只有孩子相信自己能够改变，他才会愿意接受挑战，才能想出更好的方法发展并运用自己的优势。

　　在此基础上，还要在行动上为孩子树立榜样。

　　比如，你天生具有领导才能，孩子有样学样，在和小伙伴们玩耍时就会表现出特殊的领导力。

当然，孩子的榜样也可以是其他人。比如孩子擅长画画，但你对此一窍不通，那就可以带他去参观美术馆，欣赏著名艺术家的作品。

另外，还要为孩子提供指导和帮助，确保孩子获得需要的资源和支持。

具体而言，可以帮孩子列清单、计划，还可以提供建议或者是多提醒、鼓励孩子，也可以通过巧妙自然的方式，让孩子参与练习、逐渐提高任务的难度，帮助孩子达到他独立发展时难以达到的水平。

除此之外，还可以运用回味、放空等方式引导孩子把注意力从自己的劣势转移到优势上。

02

对于父母而言，需要注意的是，从优势出发培养孩子并不意味着对孩子的缺点置之不理，而是要避免打击、否定孩子，用更巧妙的方式帮孩子正视自己，利用自己的优点解决自己不太擅长的问题。

有一种帮助孩子克服缺点的方法就是运用正念法。

要了解运用正念法，就要先了解正念的概念。

正念指的是有意识地关注当下的想法，但又不作任何评判。

在现代心理学家看来，正念是把集中注意力变得结构化的过程，具体而言，是先把注意力集中到一件事上，然后观察自己的注意力是如何发散的。最后，让注意力重新回到最初的那件事上。

要运用正念的方法帮助孩子克服缺点，那就可以引导他关注当下，直面现实和不良的自我暗示。接着，帮助孩子用积极的思维代替消极的想法，从优势出发解决问题。

比如，孩子的数学成绩不好，还没开始写数学作业，就非常烦躁。那你可以问问孩子，当他想到写数学作业时是什么感觉，是怎么暗示自己的，是不是觉得很沮丧，觉得自己再也学不好数学了？

在引导孩子思考完这些问题之后，父母还要指出孩子想法中的错误之处以及他可以用的优势。如果他的英语成绩很好，那就让他想想做英语作业时是怎么想的，学习英语时有什么特别的学习方法，可以把这些良好的想法和学习方法应用到数学学习中。

当然，育儿也是在育己，你在面对自己不擅长做的事情时，也可以运用这一方法。

03

从优势出发克服缺点的方法还有优势替代法。具体而言，就是当孩子遇到问题时，你可以从优势引入，引导他进行反思。

小花是一个读初中的女孩，有一天，小花的班主任联系了小花妈妈，告诉她小花在学校的一些情况。

小花妈妈这才知道，小花有一个很大的缺点，就是缺乏耐心，每次在自习课上，她先写完作业后，不等别人做完，她就和对方说话，因此总被老师批评。

于是，等小花放学后，小花妈妈就认真地和女儿沟通，反复告诉小花，一定要学会耐心等待，不要在自习课上和同学聊天。

小花当时虽然答应了，但根据后续老师的反馈来看，小花妈妈对小花所说的话毫无效果。

于是，小花妈妈改变了方法，采用优势教养的方法，极力放大小花的优势，引导小花回想在上学期的家长会上，老师表扬小花善于合作、爱学习、非常善良，这些都是女儿的核心优势。

接着，小花妈妈告诉女儿，自己写完作业后，不打扰其他同学，等别的同学写完作业，让他们收获成就感，也是一种善良的表现；而且，在自习课上保持安静，不扰乱秩序，对于老师来说，也是一种善于合作的表现。

小花听了这些话，立刻明白了应当如何去做，在自习课上的表现有了改善。由此可见，从优势入手，能给孩子完善自我的勇气和力量，使他们变得更加积极乐观。

采用从优势入手的方式，除了可以帮助孩子改正缺点，还可以培养孩子的注意力、自制力，以及教给家长更好地与孩子沟通的能力。

其实，这些方法背后的主旨都是一样的。

简而言之，只要把目光投向孩子的优势，孩子的压力就会更小，学习成绩也会越来越好，幸福感也会更强，他们也会因此拥有更加美好的未来和人生。

在这一过程中，父母也通过运用自己的优势成长为更好的自己，而这，相信就是为人父母的价值所在和最终目的。

第二章

育栋梁之材

- 转换思维，持续提升

- 重视智商，更重自控

- 言传身教，教子诚信

- 亲子游戏，创新思维

- 德才兼备，育栋梁材

转换思维，持续提升

　　父母在教养子女的过程中，要以身作则，持续学习，努力精进，为孩子树立良好的榜样。

　　此外，父母还要转换思维，让孩子明白，学习是一辈子的事情，比学历更重要的是学习的能力。因此，一定要培养孩子拥有成长型思维，不要被固定性思维所限制。

01

　　一般来说，人们所具有的是两种十分常见的思维模式，一种是固定型思维模式，另一种是成长型思维模式。

　　当然，大部分人所拥有的都是固定型思维方式，而成功者拥有的都是成长型思维模式，这种思维方式可以帮助人们树立更积极的心态，直面挑战，尽快走出困境。

　　具体而言，固定型思维方式是用消极、传统的观念看待人生中的困境；成长型思维模式则与之相反，拥有这种思维模式的人，会把失败当成人生的挑战和必经之路。

　　毫无疑问，拥有成长型思维模式的人更容易获得成功，也更容易获得快乐和幸福。

因此，父母要从孩子小的时候就培养他拥有成长型思维模式，不要过分计较孩子学习成绩的高低和一时的受挫，要让孩子明白，学习成绩并不重要，重要的是糟糕的成绩背后所涉及的问题。

要知道，很多孩子学习成绩不佳的背后，有的是学习习惯的原因，有的是知识点没有理解和掌握，有的是缺乏练习。要帮孩子梳理清楚到底是什么原因导致的，是哪个知识点没有掌握，而不要平时不关心孩子，等看到孩子学习成绩差的时候又一味地批评和指责。

02

父母要培养孩子踏实做事的能力。要让孩子明白，一定要专注在一个领域，扎扎实实地做好一件事。

正如华为创始人任正非在一次讲话中所提到的："年轻人要持续不懈地努力，不要认为自己很聪明，今天搞搞这样，明天搞搞那样，可能青春就荒废了。能力是有限的，扎扎实实认真做一件事情，才可能成功。"

他认为，年轻人不要认为自己是全能的全才，如果在更广的领域消耗了太多的能量，就不容易在前沿领域有所突破。

平时做事一定有主次之分，一定要搞清楚自己的主业到底是什么，或者确定好自己在三五载之内，发展的重点到底是什么，不要眉毛胡子一把抓。

而要让孩子长大后拥有这种定力，就要从孩子小的时候就培养他专注的能力。

03

父母要培养孩子管理自我的能力。因为时间是无法管理的，我们只能管理自己。

正如李笑来在《把时间当作朋友》一书中所特别强调的，这不是一本关于时间管理的书，因为时间是没有办法管理的，它有自己的节奏，我们能管理的只有自己。

书中介绍了很多实用性非常强的方法论，从根本上来说，这是一本帮助年轻人心智成长的书籍，因为只有心智成熟的人才能和时间成为朋友，才能最终收获成功。

书中指出，所谓成功，就是一个不断积累的过程，只要认准一个领域、一个方向，脚踏实地地积累，成功就是水到渠成的事。

此外，父母要让孩子明白，用好时间，管好自己的要点，在于管理好个人的精力，要让孩子把主要的精力都放到最重要的事情上。

重视智商，更重自控

　　父母在养育子女的过程中，一定要有思辨能力，要拥有正确的教养观念。因为目前社会上流行的很多育儿观点是错误的。

　　比如很多人都看重孩子的智商，而事实上，与智商相比，自控力对孩子学业的影响更大。

01

　　在我们当下这个时代，父母对孩子的教育问题高度关心。

　　打开电视机，随时可以看到各种教育节目；打开网页，点开短视频，随处可见关于教育问题的讨论；打开微信公众号，关于育儿的文章层出不穷。此外，关于育儿的书籍更是不计其数。

　　但是，令人疑惑的是，尽管有这么多的媒体、书籍都在讨论教育，但我们可能也已经发现了，孩子们的问题非但没有减少，反而越来越多了，这到底是怎么回事呢？

　　因为在教育方面，有太多被我们奉为真理的观点，实际上根本就不是那么回事。

　　换言之，我们的社会或者是舆论，在不知不觉中影响着我们，甚至是误导着我们，有很多育儿专家所提倡的育儿方法都经不起推敲。

《关键教养报告》一书中提到，自控力比智商更能影响孩子的学业，是不是很不可思议？

这本书通过严谨的科学研究数据，结合近百位全球顶尖学者的实验案例，对教养的真相进行了揭露，让我们对儿童、青少年成长过程中的多个关键问题有了一个全新的认识。

正因如此，这本书刚一出版就在教育界引起了轰动，被刊登到《新闻周刊》上，曾连续6个月占据畅销书榜单，还登上了35个年度最佳图书榜单，并获得了当代家庭研究会杰出新闻大奖、科学促进会科学新闻大奖等9项国家大奖。

此外，这本书还被翻译成了16种语言，在很多国家出版发行，在儿童教养方面，被誉为最具影响力的书籍之一。

所以，每个人都很有必要了解一下这本书。

作为父母，可以通过这本书来反思一下，看看那些根深蒂固的观念是如何影响我们的，我们的偏见是如何形成的。

02

为什么说，与智商相比，自控力对孩子学习成绩的影响更大呢？

相信我们很多人在提到"别人家的孩子"，也就是那个经常在各种考试中坐第一把交椅的孩子时，都会说一句："咳，人家那孩子，脑袋瓜好使。""人家那脑子，转得多快啊。"这里的"脑袋瓜好使""脑子转得快"就是我们通常所指的"智商高"。

换言之，我们一般都认为，那些孩子学习成绩好，是因为智商高。但相关研究却发现，在很多时候，一个孩子的自控力，也就是自我约束力，比头脑聪明更重要，对学业的影响更大。

心理学的一项研究发现，与高智商的孩子相比，那些智力和自控力都高于平均水平的孩子，数学成绩更优秀。

教育专家对自控力课程进行了综合的分析，然后得出结论：学术界通过大量的研究达成一个共同的认识，即提高孩子的自控力，就能帮助孩子提高学习动机和学习成绩。

既然自控力如此重要，那要如何提高孩子的自控力呢？有一个远远出乎大家预料的，难度低、见效快的方法，就是游戏！

这是一个针对学前教育的项目，被称为"心智工具"。这一项目主要有两个要素，一个是手写扮演计划，另一个是较长的游戏时间。

比如说，老师准备上课了，告诉幼儿园中班的孩子们要进行医院救人的角色扮演游戏。早在上课之前，孩子们已经学过了关于急救和医院急诊室的知识，教室被分成了几个区域，其中一个角落是医院的急诊室，另一个角落是病人的家。

学生们可以扮演的角色有五个，分别是：医院的电话接线员、救护车司机、急诊医生、护士和病人。在游戏开始之前，每个孩子都要向老师报告自己要扮演的角色是什么。

随后，孩子们在老师的帮助下，开始制订各自的"扮演计划"，把自己要扮演的角色画下来。

接下来，游戏开始了，整个游戏会持续45分钟，如果有孩子注意力分散了，老师就会在一旁轻轻地提醒他一句。

在整个过程中，老师会提供指导，但不会直接告诉他们应该怎么做。

最后，到游戏结束的时间了，老师就播放一首曲子，提示大家该清理现场了，孩子们听到音乐，就立刻停止游戏，开始清理教室。

接着，他们还会进行一个活动，叫作"伙伴共读"。具体而言，就是两个孩子面对面地坐着，一个人翻开绘本看图讲故事。另一个人听，听完后，向讲故事的人问一个和故事有关的问题。然后，两人再交换角色，一个听，一个读。

03

当然，心智工具游戏除了可以在学校玩，父母也可以在家里和孩子一起玩。

另外，这个项目还有很多其他方面的内容，比如，鼓励孩子和自己对话，如果孩子正在学习写"人"这个字，那就先大声喊出来"撇——捺"，养成习惯后，就可以改为在心里默念。

事实证明，心智工具项目可以培养和提高孩子的专注力和自控力，当孩子完全投入到游戏中或者是写字时，就不会分心。很多幼儿园通过实施这一项目，都取得了非常显著的效果，有一个幼儿园大班在实施这一项目的第二年后，学生的语文成绩居然比这一地区的平均分高出了二十多分。

这一项目的实施也提醒我们成人注意一个问题，我们成人经常会犯一个错误，就是"相似谬误效应"，也就是"想当然"。

具体而言，就是我们总是认为，"对大人有效的，对孩子也有效；对大人无效的，对孩子也无效。"对我们成人来说，游戏就是打发时间，消耗精力。所以，我们总以为对孩子也是如此，从而忽略了游戏的作用。

在其他方面，比如孩子成长的关键问题上，我们也存在着很多根深蒂固的想法，其实都是来自我们的想当然。

举个例子，我们成人很习惯被夸奖，甚至会有意无意地表现出"求求你，表扬我"的态度，但对孩子来说并不是这样。

其实，经常夸孩子聪明，非但不会培养孩子的自信心，反而会导致孩子不懂得努力，所以我们要学会正确地夸奖孩子，多表扬孩子的努力，多表扬孩子做事的过程而不是结果。

由此可见，在面对孩子的问题时，父母要抛弃这种想当然的偏见，从多渠道了解相关的知识，养成独立思考的习惯。

总之，父母一定要意识到，与智商相比，自控力对孩子学业的影响更大。要培养孩子的自控力，可以与上幼儿园的孩子一同开展"心智工具"项目，引导他们进行角色扮演游戏，可以让孩子提出扮演计划，然后在游戏过程中，提醒他们关注自己的角色。

言传身教，教子诚信

父母都希望孩子诚实，一旦孩子说谎就如临大敌，甚至上升到品德问题上。

其实，对于让我们感到万分头疼的说谎的孩子，我们存在着诸多误解。特别是对于年龄比较小的孩子而言，他们之所以说谎，主要是为了躲避父母的惩罚。

01

相信父母在教育孩子时，一定会教育孩子要为人诚信。而要教会孩子这一点，首先要做到言传身教，自己要做到讲诚信。

我国的传统文化一直在强调为人诚信的重要性。

子贡问君子。子曰："先行其言，而后从之。"

子贡向孔子请教，如何才能做一个君子。

孔子说："先把你要说的话都予以践行，做到后再说出来。"

作为君子，不能只说不做，而应先做后说，自己做不到的事情就不要随便承诺，否则就会失信于人。只有先做后说，言必行，行必果，才可以取信于人。

父母不仅要和孩子共同学习，更要做孩子的榜样。

虽然父母都希望孩子诚实，但我们也知道，让一个孩子做到100%的诚实是不可能的。我们成人也很难做到，当然，我们经常会为自己开脱，但对孩子的要求则比较严格。

但是，需要注意的是，孩子不会只听父母怎么说的，而是会关注父母是怎么做的。

如果父母只是说教，自己却言行不一，要求孩子诚信但自己却常常失信于人，那孩子只会从父母身上学到心口不一。

02

其实很多年龄太小的孩子并不是在说谎，而是他们无法区分幻想和现实。

三岁的笑笑刚被父母送进幼儿园，他的年龄比较小，还不懂得时间意味着什么。而妈妈临走前告诉他，等过一段时间就会来接他。

笑笑有严重的分离焦虑，在一个陌生的环境里感到非常恐惧，哭了一整天，一直都希望妈妈来接自己。当这种渴望过于强烈的时候，他就会以为妈妈真的就会马上来接自己了。

于是，他就背着小书包走向教室的门口，幼儿园的老师问他要去干什么，他则回答道："我妈妈来接我了。"

如果这个幼儿园的老师懂得儿童心理学，就会明白，笑笑不是在说谎，而是在用行为表达自己对妈妈的思念。

明白这一点后，很多父母可能会觉得，当太小的孩子说谎时，我们不用去管他们，觉得孩子可能是分不清幻想和真实，等他们长大了，知道什么是说谎了，就不会再说谎了。

但专家经过研究发现，事实并非如此，随着孩子长大，说谎的次数反而越来越多了。这一阶段的说谎和他们的小时候完全不同。此时他们说谎，大部分时候是为了掩饰自己的错误，为了逃避惩罚。

事实上，和成年人相比，孩子更无法接受说谎。他们最初就认为，所有的欺骗都不对，后来才逐渐认识到有些谎言是善意的，才意识到有些谎言的好处。

而他们之所以无法接受说谎，是因为他们很小的时候经常被骗。

对于四五岁的孩子而言，要接受事情的变化是一件很难的事情。比如，爸爸答应孩子第二天去动物园，但是到了第二天，爸爸被公司老板叫去加班，去不了动物园了。

孩子就很难接受这个消息，虽然在成人看来，爸爸并没有说谎，只是事出有因，迫不得已。

但在孩子看来，无论爸爸是无意的还是有意的，爸爸确实说谎了，这样就让孩子意识到：爸爸认为可以说谎。

那他通过这件事，就学会了说谎，而且不会认为说谎是一件坏事。

03

大多数孩子要真正意识到说谎是有害的，会对自己和他人造成伤害，要等到十岁以后。

再者，对孩子来说，说谎体现了孩子更高级的社交技巧。因为只要说谎，就需要圆谎，需要具备一定的逻辑能力。

所以，如果孩子的谎言并不是很严重的话，不妨以平常心看待。当然，这并不是要鼓励孩子说谎，只是说对孩子的谎言，我们不必那么紧张而已。

很多人在鼓励孩子诚实时，都会表示：只要说实话，就可以免受惩罚。但是，只做到这一点是不够的。要想让孩子不再说谎，最有效的方式，是告诉他："如果你撒谎，我不会生你的气。不过，如果你诚实，说真话，我会非常高兴。"

综上所述，对于说谎的孩子，我们存在着颇多误解。而且，孩子越大越会说谎。

当然，我们不能鼓励孩子说谎，而要鼓励孩子诚实。

亲子游戏，创新思维

众所周知，创造力对于国家的发展和个人的发展都有非常重要的意义，我国早已意识到了创造力的重要性，并对现行的教育制度进行了改革，提倡素质教育等。

父母要知道，学校教育和家庭教育对于培养孩子的创造力有非常重要的作用。

虽然我们一直在强调创造力，抱怨我们自己都不具备创造力，但我们好像并没有对此进行研究，更不知道如何才能有效地提高创造力。

更让人感到不可思议的是，在我们向国外学习现在的教育模式的同时，外国人则表示，他们希望向中国原来的教育模式靠近，希望设置规范的标准课程，因为他们在来中国考察时，发现中国学生颇有创造力。

01

很多人可能会觉得，增加艺术课，进行艺术熏陶，能够提高孩子们的创造力。

我们提倡素质教育，很多家长都送孩子去舞蹈班、绘画班、音乐班，等等。其实，相关研究已经证实，这只是人们的想当然，艺术并不能提高孩子们的创造力。

换言之，很多艺术家是因为有创造力，才从事艺术工作，而不是因为从事艺术工作才有了创造力。

研究发现，有些人创造力很强，是因为他们非常擅长双重思维模式，也就是能够在发散性思维和聚合性思维这两种思维模式中自由切换，然后对这两种思维模式下取得的成果进行整合。

而这种双重思维模式，完全可以通过后天的训练来获得，无论是在学校教育中，还是在家庭教育中，都可以进行相关训练。

一所中学曾进行的一项教育改革，验证了这一点。这所学校图书馆的窗外就是操场，就算窗户紧闭，噪声也非常大，让人无法忍受。老师就给学生布置了一项任务，让他们在一个月之内，找出解决的办法。

学生们组建了小组，分三步来做。

第一步，他们搞清了声波是怎么传递的，能有效阻止声波传递的物质是什么。这是他们所学习的标准课程中的一部分内容，包括理解声波的概念，掌握声波的相关知识，学会归纳，锻炼写作能力等。

第二步，学生们讨论解决问题的方法，比如在窗户上安装隔音装置等。

第三步，学生们讨论各种方法的成本，看哪种方法最可行。在做这项任务的过程中，他们都充分展现了创造力。

由此可见，通过对学校的教育进行改革，改变课程设置，摆脱死记硬背的怪圈，学校完全能培养出有创造力的学生。

02

在家庭教育中，同样可以做到培养孩子的创造力。

长期研究儿童创造力的专家发现，家庭教育对孩子的创造力起着非常重要的作用。

具体方法就是，当孩子向父母提问的时候，先引导他自己思考，寻找答案。再者，不要用太多的条条框框约束孩子，要经常让孩子自己面对挑战，这样孩子就更有可能具备创造力。

再者，儿童所玩的很多游戏都有助于提高创造力。比如孩子们平时很喜欢玩的角色扮演游戏。

因为在玩游戏时，孩子需要自己思考角色的语言、动作，准备角色要穿的衣服，很多时候就需要孩子进行创造。

由此可见，无论是培养自控力、提高社交能力，还是培养创造力，孩子们都需要玩游戏。

但遗憾的是，随着孩子学业的增加以及成年人对孩子成绩的过度关注，孩子们玩耍的时间越来越短。

如果父母真的为孩子着想，不妨多给孩子一些和同伴玩耍的空间。

由此可见，学校教育和家庭教育对于培养孩子的创造力有非常重要的作用。

德才兼备，育栋梁材

相信每个父母都渴望自己的孩子能够成长为社会的栋梁。要实现这一目标，就要把孩子培养成"德才兼备"的社会人。德与才是孩子成长的两个方面，更是他们未来面对生活和社会的双重保障。

01

德育是孩子成长过程中不可或缺的一部分。它不仅关乎孩子的品德修养，还影响他们未来的社会关系和生活选择。

在日常生活中，父母是孩子最初的榜样。比如，家庭中的每一次沟通、每一次相处，都在潜移默化中影响着孩子的价值观。

想象一下，你和孩子一起在超市购物，遇到一个找错钱的情况。你选择主动告诉收银员，还是默默离开？这一刻，孩子的眼睛正紧紧盯着你。通过这样的细节，孩子不仅学习到了诚实的重要性，也在心中种下了责任感的种子。教会孩子诚信，意味着让他们明白，做一个值得信赖的人，是生活中最宝贵的财富。

同理心也是德育的重要一环。平时可以通过一些小活动来增强孩子的同理心。例如，带孩子去参加志愿者活动，帮助社区里的老人或弱势群体。这不仅让孩子体验到帮助他人的快乐，也让他们更好地理解生活的多样性，培养出一种关心他人的意识。

02

在德育之外，孩子的能力培养同样至关重要。在现代社会，拥有技能和知识意味着更多的机会和可能性。我们常说"知识就是力量"，这句话在孩子成长的过程中尤为重要。

从小开始，父母就可以通过鼓励孩子探索自己的兴趣来培养他们的才能。比如，如果孩子对音乐感兴趣，可以考虑给他们报乐器课程，或者带他们去参加音乐会，让他们感受到音乐的魅力。兴趣是最好的老师，当孩子在自己喜欢的领域里不断进步时，他们的自信心也随之增强。

同时，家庭作业的完成和学习习惯的培养也是提升能力的重要部分。父母可以在这方面给予孩子一些指导，例如，帮助他们制订学习计划，鼓励他们在完成作业时主动思考，而不是单纯依赖答案。这样的过程让孩子学会独立思考，提高了他们解决问题的能力。

此外，社会实践也不可忽视。参加课外活动，比如体育、科学实验或者社团活动，能够让孩子在实践中锻炼自己的能力。想象一下，当孩子在足球场上与队友合作进攻时，他们学会的不仅仅是如何踢球，更是如何在团队中发挥作用，理解合作的重要性。

03

实现德才兼备的目标，离不开父母、学校和社会的共同努力。父母的角色至关重要，他们不仅是孩子的引导者，更是支持者。在家庭中，创造一个开放、包容的氛围，让孩子能够自由表达自己的想法和情感，是非常重要的。

例如，每周可以安排一次家庭讨论会，谈论一些有趣的话题或社会热点，让孩子在讨论中培养逻辑思维和表达能力。这种互动不仅增进了亲子关系，也帮助孩子学会如何在群体中有效地交流。

再者，可以为孩子准备一些历史书籍，与孩子一起讨论历史事件，在这一过程中，可以引导学生思考历史人物的选择及其对社会的影响。这样的讨论能帮助孩子建立更全面的价值观。

此外，社会环境也在孩子的成长中扮演着重要角色。正面的社会榜样能够激励孩子不断追求进步。因此，父母可以借助身边的力量，带着孩子参观企业、参加社区活动等，让孩子积累更多的社会经验，从而开阔视野。

相信"德才兼备，从而育栋梁材"是每位父母的愿望。在教育孩子的过程中，德育和才干的培养并不是孤立的，而是相辅相成的。通过营造良好的家庭环境和让孩子积累丰富的社会经验，我们能够帮助孩子们成长为有德有才的栋梁之材，为未来社会贡献力量。

第三章

挖掘孩子潜能

- 训练大脑，挖掘潜能

- 刻意实践，激活大脑

训练大脑，挖掘潜能

每个孩子的大脑都是一个巨大的宝藏，都拥有无穷的潜能。身为父母，要帮助孩子训练大脑，挖掘潜能，让孩子自身的能量释放出来。

01

每个孩子的潜能都是巨大的，只是有些父母不了解而已。那么，要如何才能帮助孩子把潜能挖掘出来呢？

其实，通过科学的训练方法，可以唤醒大脑的力量，帮助孩子变得更加优秀。

那么，它的科学原理是什么呢？

这要从脑科学讲起。人类的自我感觉良好，自称为万物之灵，可是，事实上，人类甚至不完全是自己的主人。

要知道，我们的大脑时常处在自动驾驶模式，在分析问题时，我们常常用惯性思维；在面对各种事件时，我们常常无意识地做出反应。

然而，这种反应往往是错误的，不利于个人的进一步成长。所以，要帮助孩子找到大脑中能够创造梦想生活的关键所在，关闭大脑的"自动驾驶模式"，改变思维方式，激发大脑的潜能。

很多脑科学家一生都在致力于研究我们的大脑，致力于探索大脑中能够创造梦想生活的关键所在，他们把这称为人类发展的"根源"。

通过研究，脑科学家总结出了一套行之有效的方法，并通过这套方法过上了自己梦想中的生活，也用这套方法帮助很多孩子挖掘出了自身的潜能，帮助他们成长得更快。

02

前面提到，我们的大脑经常处在自动驾驶模式。那么，什么是自动驾驶模式呢？这种模式又是如何形成的呢？为什么大脑总是处于"自动驾驶模式"呢？

现在让我们先来了解我们的大脑总是处于自动驾驶状态的原因。

脑神经科学表明，我们的大脑共有上百亿个神经元，它们以毫秒为单位，马不停蹄地工作，不间断地分析我们的身体从环境中得到的反馈信息。

之后，大脑会对这些信息进行判断，把"有意义"的信息归档，把"无意义"的信息处理掉。这些神经元不断发送信号，当你重复某种感觉、情绪和动作时，它们就会形成联系，建立"反馈通路"。

"反馈通路"一直在我们的潜意识中指导着我们行动。同时，它还不断调整着我们对周围环境的回应方式。久而久之，就形成了一种模式。

当我们接收到外部信息时，大脑就会根据模式识别自动做出反应。随着大脑越来越成熟，我们变得越来越封闭、保守，这种模式也就会越来越固定，这时，大脑就进入了"自动驾驶模式"。

比如，你看书时，隔几分钟就忍不住刷手机，重复几次后，你提醒自己，要认真看书，不要再看手机了。

可是，没过多久，你发现，你的手像是不听使唤一样，再次不由自主地拿起了手机刷朋友圈、刷微博。这就说明，大脑已经自动脱离你的控制了。

孩子同样是如此，很多孩子似乎很难静下心来写作业。一写作业，不是动动橡皮，就是渴了、饿了，总是不由自主地转移注意力。

无论是成年人还是孩子，一旦大脑进入"自动驾驶模式"，就意味着我们每天都在按照非常熟悉的模式工作、生活。

对于大脑而言，这是一种很划算的行为，因为这样大脑需要的能量更少，效率更高。而且，大脑不太喜欢变化，无论这种变化是不是我们真正需要的，它都会把变化看成一种"威胁"。

当遇到变化时，大脑会极力阻止我们去冒险，还会削弱我们的高级思维能力，比如调节情绪、解决复杂问题、积极思考等。大脑觉得，只有这样，才能保证我们的安全。

这样自然有好处也有坏处。从好的方面来说，一旦我们养成了良好的习惯，即使不刻意坚持，大脑也会促使我们下意识地去保持这一习惯；至于不好的方面，是因为外界总是在变化，特别是在我们对现状不满时，如果我们一味地沉浸在原有的模式中，就会错认为事情本就如此，从而产生一种无能为力的感觉。

这时我们该怎么办？难道只能任由大脑控制、随波逐流吗？当然不是，幸好大脑具有神经可塑性和敏捷性，可以帮助我们改变大脑僵化的思维模式。

03

大脑所具备的神经可塑性，指的是在受到周围环境的刺激时，大脑具有调整和自我重组的能力，神经连接可以生成新的通路，还可以修改旧的联结。

如果你长期训练某一种大脑功能，负责这一功能的脑区的神经连接就会生成和得以巩固。比如，你每天都坚持学英语，那在你的大脑中，专门负责处理英语的区域就会越来越活跃，所占的"地盘"也会越来越大。

脑科学家指出，神经可塑性有三种不同的过程，分别是学习、完善和再次训练。

第一种过程，通过学习，大脑突触的数量就会增加，现有的神经元就会紧密地连接在一起。这种情况，主要是针对你有潜力的领域来说的。

如果投入足够的时间和努力，你可能会擅长这一领域。

第二种过程，完善，指的是通过练习，能加快神经元传输的速度。这种情况通常发生在你成为某一领域的专家时。

比如，你多年来一直喜欢弹吉他，现在，你打算加入乐队，定期表演。这时，你会发现，这对你来说是一件比较容易的事情，你弹吉他的技能很快就会提升很多。

第三种过程，再次训练，则意味着在大脑中形成一条以往从来没有的、全新的神经通路。研究表明，这种过程往往发生在婴幼儿或青少年身上。对于成年人而言，建立全新的神经通路是非常困难的。正因如此，人的年龄越大，越难掌握一项你毫无天赋的新技能。

所以，一旦你决定改变，就要做好打持久战的心理准备。在这个过程中，你会遭受挫折，心情变得沮丧。

比如，你打算学会一门全新的语言，一个星期后，感觉自己已经掌握得差不多了，可是，到了第二个星期，你发现自己好像又回到了原点。

这是因为，大脑的变化是阶段性的，在短期内，刺激神经元连接的化学物质增加了，但是并没有引起结构的变化。这时，要继续坚持，通过反复努力，才能刺激大脑中的通路连接得更紧密。

对于孩子而言，要建立全新的神经通路相对容易得多，所以孩子学习知识很快。

对此，小涛的妈妈深有体会。

她在三十多岁时开始学习俄语，最初很困难，两三个月后，她的大脑神经达到了某个临界点，接下来，她就越来越轻松。

从中她领悟到：当事情变得艰难时，要坚持下去，不要把时间浪费在和别人比较上，甚至不要和自己过去的成就相比较。只关注你现在能做什么，和你希望自己的未来是什么样子。

小涛妈妈在帮助小涛学习技能的时候，却有意外发现。因为小涛学习知识很快，当然小涛自己并不这么觉得。小涛妈妈把自己的心得体会分享给小涛，鼓励他要坚持下去。

除了上述特性，大脑还具备另外一个特性，即敏捷性。它意味着大脑能够全面、细致地考虑问题，能在不同的思维方式间快速切换。

要保持大脑的敏捷性，就要运用全脑思维，当遇到问题时，有意识地从情绪、身体感知、直觉、动机、逻辑和创造力六个方面进行思考。

钱堂在一家银行工作，他的逻辑性非常强，所以，他在做投资时，通常会用一张表格列出利弊，反复衡量后作出决定。

当运用全脑思维时，他意识到，在做有些投资时，要相信自己的直觉，快速做出决定；而有些时候，要避免其他人的影响，不能冲动行事。

在日常培养孩子的过程中，他也经常用这一个方法帮助孩子训练思维。每当孩子遇到解决不了的问题，他就引导孩子用列表格的方式分析利弊，进行综合考虑，之后再作决定。利用这一方法，孩子在遇到问题的时候，就会变得非常冷静。

由此可见，运用全脑思维，可以使我们的大脑越来越灵活，越来越敏捷。

综上所述，我们了解到了大脑总是处在"自动驾驶模式"，它帮助我们节省了能量，但也导致我们畏惧变化。

其次，我们认识到了大脑具有神经可塑性和敏捷性，可以帮助我们改变大脑僵化的思维模式。

综上所述，要帮助自己和孩子开发大脑潜能，激发大脑能量，可以按照以下几个步骤去做：第一步，增强意识，关闭大脑的"自动驾驶模式"；第二步，帮助孩子创建属于自己的行动板（我们先引出"行动板"这个概念，后续会对它进行详细的介绍）；第三步，引导孩子集中注意力，活在当下，对孩子的大脑进行训练。按照这几个步骤去做，就能帮助自己和孩子开阔思想，激活大脑的力量，让自己和孩子拥有一个梦想中的人生。

刻意实践，激活大脑

父母在挖掘孩子潜能的过程中，一定要注意，要刻意实践，训练孩子的大脑，开发孩子的潜能，这样才能最大限度地激发大脑力量。

01

父母在训练孩子的大脑之前，可以引导孩子养成一个非常重要的习惯，那就是记日记。

让孩子每天晚上都打开日记本，记下他对生活中遇到的人和事的看法感受。当然，不需要写长篇大论，只要能坦诚地记录下他的情绪和行为就可以。

如果孩子的年龄不大，那就一步步地引导他，告诉他写日记的要点和重点，等他养成习惯之后，就可以放手让他自己记录了。

接下来，就要正式进入训练孩子大脑的阶段了。具体而言，要经历四个步骤。

第一步，帮助孩子增强意识，关闭大脑的"自动驾驶模式"。

想必通过前面所介绍的内容，你已经明白了，我们人类的大脑时常处在"自动驾驶模式"，从潜意识层面操控着我们的思想和行为。

所以，我们要帮助孩子通过写日记的方式，把那些潜意识的想法写下来，让它们浮出水面。这时，它们就上升到了意识的层面，孩子才有可能开始改变。

02

作为父母，除了引导孩子写日记，自己也可以采用写日记的方式，更好地了解自己，搞清楚自己在教育孩子的过程中所产生的一些负面情绪的根源并将其清理干净，从而在教育孩子时保持平和的心态。

现在，你可以打开日记本，写下你在你的原生家庭中所扮演的角色，是最受宠的孩子，还是最容易被忽视的？在成长过程中，你家最重要的观念是什么？你家最核心的"价值观"是什么？

然后，翻到日记本的下一页，写下你所持有的六种限制性观念，再从客观的角度分析这些观念是不是真的成立。

接着，在日记本中创建成就列表，写下这些年来你已经取得的成就；再创建一个感恩列表，写下生活中值得你感恩的每一件事情。

琳琳是两个孩子的妈妈，她在进行这一步练习时，发现自己在原生家庭中一直扮演"和事佬"的角色，在她现在的小家庭中，她依旧在重复扮演这个角色，每天都在调节孩子之间的矛盾，还有丈夫和小姑子之间的争端。这让她心力交瘁，她意识到，自己不希望再充当"和事佬"了。所以，接下来，她向孩子们和丈夫表明自己的立场和打算，当孩子们再次发生冲突的时候，她不再插手，而是让他们自己解决。孩子们最初打得不可开交，后来慢慢地学会了协商，很少再发生矛盾了。

03

对孩子进行大脑训练的第二步，是帮助孩子制作行动板。

行动板，又叫梦想板，就是把一个人内心深处所有的梦想都用图画的方式表现出来。

用任何东西都可以创建行动板，小到一张A4大小的卡片，大到一面墙大小的纸板，都可以。

接下来，引导孩子把他内心深处最大的梦想画下来，也可以从杂志上找一张类似的图片，剪下来，贴到纸板上。然后把它放到孩子随处可见的地方，最好让孩子每天都能多次见到它，让这个场景深深地刻在他的头脑里。

因为图像能够直接达到大脑的视觉中心，在大脑中留下深刻的印象，刺激大脑在日常生活中四处搜索与此相关的信息。

孩子的数学成绩不好，渴望在一年内达到班上的前三名，那你就可以让孩子在行动板上贴上一张数学成绩满分的图片，还可以贴上一些奖状的图片。

宁宁的妈妈就是这么做的，她帮助孩子制作好了行动板。一个学期后，宁宁的数学成绩达到了班上的前十名；两个学期后，宁宁的数学成绩达到了班上的前三名。

对孩子进行大脑训练的第三步，是帮助孩子集中注意力，使其专注于当下。

因为训练孩子对当下的关注，让孩子将注意力集中，是清除旧的思维模式、创造全新的神经通路的最佳方法。

成年人则可以通过冥想、正念或者练瑜伽的方式，做到这一点。

同时，父母可以引导孩子在日记本中描绘一下自己对未来的希望，再分别列出障碍、排除障碍的方式和自己的新行动，然后把所有的障碍都划掉。这样可以帮助孩子把全部的注意力都放到行动上。

这时，就到了帮助孩子进行大脑训练的最后一步了，也就是刻意实践。

引导孩子在自己的日记本上写下自己的目标，以及本周可以完成的具体的行动方式。比如，孩子打算在这一周内背多少首古诗，那就写下自己这周的目标，用一天的时间把这些古诗整理到一起，再用一个星期的时间进行背诵，等等。同时，父母要对孩子不断进行肯定，帮助孩子激励自我。

总之，通过帮助孩子刻意实践，就一定能够帮助孩子激活大脑能量，挖掘大脑潜能，拥有一个更聪明的大脑。

第四章

育儿之道
品格教育

- 品德为先，德行立人

- 做一道光，照亮别人

- 把握时机，品格教育

品德为先，德行立人

在育儿的过程中，品德教育是不可或缺的重要环节。培养孩子的道德品质，不仅能为他们的未来奠定坚实的基础，也能让他们在社会中立足，成为有担当、有责任感的人。

01

品德教育不仅仅是培养孩子的行为规范，更是引导他们树立正确的价值观和人生观。要知道，品德教育是个体发展的基础。一个人的品德修养是其人格的根本，是其他素质的基础。

更重要的是，品德教育能够帮助孩子建立良好的道德标准，使他们在面临选择时，能够做出符合社会价值的决定。

品德教育的意义重大，从大的范围来说，有助于构建和谐社会。在家庭和社会中，良好的品德能促进人与人之间的信任与合作，从而构建和谐的人际关系。通过对孩子进行品德教育，可以培养他们的同情心、责任感和合作意识，使他们在未来能够积极参与社会建设。

从个体的角度而言，品德教育能促进身心健康发展。正所谓"心正则身直"，良好的品德能引导孩子树立健康的心理，增强其抵御挫折的能力。

拥有良好品德的孩子，往往更容易建立积极的人际关系，获得他人的认可与尊重，这将促进他们的心理健康和全面发展。

02

父母在品德教育中扮演着至关重要的角色。教育者的言传身教，往往会对孩子的成长产生深远的影响。

首先，父母要做品德的榜样。

正如《论语》中所说："其身正，不令而行。"父母的行为与态度直接影响孩子的价值观和道德观。

通过自己的行为示范，父母可以教导孩子何为诚实、善良、尊重他人等基本品德。因此，父母在日常生活中应时刻注意自己的言行，做到言行一致，树立良好的榜样。

其次，父母应创造良好的教育环境。只有在一个良好的环境中，孩子的品德才能得到有效的培养。

父母可以通过家庭活动、社区服务等方式，鼓励孩子参与公益事业，培养他们的责任感与同情心。

同时，家庭的讨论氛围也很重要，父母应当鼓励孩子表达自己的观点，增强其道德判断能力。

最后，父母应关注孩子的情感需求。品德教育不仅是知识的传授，更是情感的培养。苏轼曾言："有教无类。"

父母在教育中应关注孩子与其他孩子之间的个体差异，理解他们的情感需求，给予他们关爱与支持。通过积极的情感交流，父母能够帮助孩子建立自信心，从而更好地吸收品德教育的内容。

03

要有效地进行品德教育，父母可以采用多种方法与策略，以便更好地引导孩子。

在进行品德教育时，可以采用故事教育这种有效的方式。

古今中外的许多故事中都蕴含着深刻的道德教育意义。家长可以通过讲述寓言故事、历史故事等，引导孩子思考故事中的人物选择，从而帮助他们树立正确的价值观。

例如，讲述《愚公移山》的故事，可以让孩子明白坚持与勇气的重要性。

其次，实际体验是品德教育的重要环节。孩子在实际生活中获得的体验，往往比书本知识更为深刻。

父母可以通过组织志愿活动、让孩子参加社区服务等，让孩子亲身体验帮助他人、关爱社会的快乐，培养他们的同情心与责任感。在体验中，孩子能够更深刻地感受到道德的力量。

此外，父母可以和孩子开展讨论与反思。父母可以在家庭中开展关于道德问题的讨论，引导孩子思考并表达自己的看法。

通过讨论，孩子不仅能够加深对道德观念的理解，还能提升自己的思辨能力与表达能力。"问渠那得清如许？唯有源头活水来。"鼓励孩子进行自我反思，有助于他们在道德判断上不断进步。

04

品德意识是品德教育的核心，是孩子自觉遵循道德规范的内在动力。为了培养孩子的品德意识，父母可以采取以下措施。

首先，父母要从小培养孩子的道德观念。孩子的品德意识在幼儿时期便开始形成，父母应通过日常生活中的点滴细节，引导孩子认识道德的重要性。

可以通过简单的事情，例如教孩子在餐桌上与他人分享食物，帮助他们理解分享的意义，培养其关爱他人的意识。

其次，注重榜样的力量。父母可以让孩子接触身边的优秀榜样，无论是家庭中的亲人，还是社会上的优秀人士，都可以成为孩子学习的对象。

通过榜样的力量，孩子能够更直观地感受到品德的价值，激励他们向善向上。正如《礼记》中所言："礼者，敬而已矣。"在榜样的影响下，孩子会逐渐形成内心的道德标准。

最后，创造反思的机会。父母可以定期与孩子进行品德方面的交流，鼓励他们对自己的行为进行反思与总结。

通过这种方式，孩子能够更清晰地认识到自己的优点与不足，从而不断改进自己的行为。教育家陶行知曾说："教育是生活的过程。"让孩子在反思中成长，是培养品德意识的重要途径。

做一道光，照亮别人

从孩子出生的那一刻起，父母和孩子就注定走上了一条渐行渐远的路。因为父母最大的责任，是把孩子培养成一个身心健康、独立自主的社会人。

而要做到这一点，父母在养育孩子的过程中，一定要让孩子明白，要做一道光，不仅照亮自己，也温暖他人。

01

身为父母者，可以多向孩子讲述一些流传已久的中国故事和中国历史中的名人。因为这些人都在奋力点燃自己，把自己活成了一道光。

父母要让孩子从这些人身上获得力量，他们是我们华夏民族之根，这种力量才是确保我们中华文明长盛不衰的根源。

即使在现代社会，我们也完全可以讲好中国故事，讲好中国文化。

就像李子柒所做的那样。

南怀瑾老师说过："三千年读史，不外功名利禄；九万里悟道，终归诗酒田园。"

诗酒田园，可以说是一代代中国人心底的一个梦，也是中国文化的一种载体。

而李子柒的视频里，虽然没有一个字夸中国好，但她讲好了中国文化，讲好了中国故事。

李子柒爆红的背后，暗合着国人对诗意生活的向往。

她会在三月，桃花盛开的时候，采来酿酒。

四月，枇杷成熟了，她会摘下来做桑葚枇杷冰。

五月，樱桃成熟的季节，她酿樱桃酒、烘樱桃干。

七夕节，她动手做七巧饼；中秋节，她自制苏式鲜肉月饼；

九月亲手酿桂花酒，入冬腌腊肉。

她还会从种豆子开始，收获后酿成传统的手工酱油。

除了饮食，其他方面也不含糊。

她在院子里，自己动手做了个秋千；还从养蚕开始，给奶奶做了一条蚕丝被；居然还用葡萄皮，给自己染了件裙子。

这和陶渊明《桃花源记》中的世外桃源何其相似。

一代代中国文人，即使在官场上浮沉了几十年，最终也期待着"归去来兮"。

在陶渊明"采菊东篱下，悠然见南山"的世界里，采来的菊花是用来酿酒的，有诗为证："九月采菊酿酒香，来年开坛又重阳。"

而李子柒，在现代，重现了田园生活，把日子过成了诗。

作为父母，平时也完全可以像李子柒一样，带着孩子亲手制作吃的和用的东西，让孩子真正深入到生活之中。

通过这种活动，不仅锻炼了孩子的动手能力，还可以使亲子关系变得更加融洽。良好的亲子关系能激发好的大脑潜能，父母经常陪伴孩子，有助于孩子的大脑发育，还有助于提升孩子的智力。

02

父母还要让孩子明白，这种诗意，是需要用经济实力打底的。

李子柒并不是一开始就是田园女神。

她小时候，父母早逝，便跟着爷爷奶奶长大。

她在一次采访中提到，自己从小学四年级就上了当地的报纸，但不是因为是富二代，而是因为家穷，有些好心人看了报纸，就资助她读书。

但即使有好心人资助，她也没能完成学业。因为14岁时，她的爷爷也去世了，她只好辍学，进城打工。

由于年龄太小，只能做童工，当服务员时一个月只有300块钱。后来还学过打碟，当过DJ。走投无路时，她曾在公园的板凳上度过漫漫长夜。

不幸的是，2012年，奶奶重病，她回到山里，照顾奶奶。

为了养活自己和奶奶，她想到了拍摄"种种花种种菜"的生活，2016年开始拍摄一些小视频，但点击量都很低。

一直到2017年，她到甘肃拜师，学习用古法工序制作兰州拉面，练了足足两个月之后，拍成视频，才开始有了关注度。

但为了拍这一个视频，她一个人前前后后洗了几百次手，按了几百次快门，浪费了几十斤面，之后她都制成了馕，和奶奶吃了好多天。

她自称，以前在城市里打工只是为了生存而已，只有现在，才是真正的生活。

确实，如果一直挣扎在生存线上，每天为了温饱问题殚精竭虑，人是诗意不起来的。

唐伯虎有一首非常逍遥的诗《桃花庵》：

桃花坞里桃花庵，桃花庵里桃花仙。

桃花仙人种桃树，又摘桃花卖酒钱。

酒醒只在花前坐，酒醉还来花下眠。

半醒半醉日复日，花落花开年复年。

但这个桃花庵背后，还有一个小故事。

据说，唐伯虎当年在苏州看上了一处房子。决定买房时，没有钱，只好用自己的部分藏书当作抵押物，向一位在京城做官的朋友借钱。

之后，他一直努力地写字、画画赚钱，用了两年多的时间，才把购房款还清。

在当下，很多孩子受社会风气的影响，都热衷于当网红、赚大钱。父母要让孩子看到每个网红背后的辛酸，看到他们背后的挣扎和努力，看到他们的坚持，而不是只看到他们光鲜的一面。

只有这样，孩子才能真正地认识和了解这个世界。

03

父母要让孩子知道，"施"比"受"有福，每个人在收获了财富之后，不要只是享受，而是要去做一些有意义的事情，要努力去做公益。

这样才能成为一道光，就像李子柒所做的那样。

李子柒成名后，开始做公益助学，因为她小时候曾被那些好心人帮助过。

她说："因为我的生命被别人照亮过，就像光一样。我相信，将来那些孩子有能力的时候，也会把这束光照进更多人心里面。"

这就是真实的李子柒。

她并没有想过输出中国文化，只是展示自己生活的一部分，却意外地在全球爆红，让无数外国人感受到中国文化的博大精深，爱上了中国。

因为她心里有光，也愿意用这光点亮别人。

父母要让孩子向李子柒这样的人学习，在孩子的心里种下光，让孩子活成一道光。

把握时机，品格教育

很多有孩子的父母可能会发现，孩子从小就会表现出小气、自私等负面的特性。

其实，这是由大脑的运作机制决定的，在漫长的进化史中，人类打造了一个自私自利的大脑。

因此，身为父母，对孩子进行品格教育是非常有必要的。

01

有孩子的父母要明白，孩子自私是正常的。但为人父母者要坚信，幸好人类可以接受教育变得更好。作为父母，我们完全可以通过后天的品格教育使孩子超越动物的本性。

那么，怎么对孩子进行品格教育呢？

脑科学家洪兰教授指出，要对孩子进行品格教育，就要做好机会教育，也就是在事情刚刚发生时，抓住最佳的时机对孩子进行情绪指导。

对此，洪兰教授还举了一个例子。

洪兰的儿子小时候打棒球比赛时，他们队的外野手漏接了一个非常关键的球，导致他们队惨败。

于是，队员们都纷纷指责外野手，而这个外野手也非常自责。

这时，教练走过来说："你们既然敢指责别人，就要有把握这一辈子都不会漏接球，否则，你今天指责别人的话，总有一天会弹回到你自己的身上。"

听完这句话，大家都沉默了。

过了一会儿，大家都纷纷向外野手道歉。

这件事已经过去二十多年了，洪兰的儿子对这件事依旧印象深刻。

所以，在对孩子进行品格教育时，一定要在孩子记忆犹新时进行，这样孩子就会因为当场的体验产生触动，从而内化为孩子的行事准则。

02

父母要对孩子进行品格教育，就要从孩子的幼儿时期开始，因为在小时候养成的好的品行会伴随人们的一生。

从脑科学的角度来说，孩子在四五岁之前，大脑中掌管记忆的海马回尚未成熟，孩子学到的东西直接存储在神经的连接上，所以很难忘记。

而且，这时候的孩子主要是通过模仿来学习的，父母怎么做，孩子就怎么学。

所以，作为父母，如果希望孩子拥有好的品格，就要从自身做起，注意自己的言行举止，给孩子做好榜样。

当然，等孩子长大，进入学校之后，就不再依靠模仿来学习了。

这时候，要塑造孩子的品格，就要通过老师的教诲和阅读经典书籍，从而明辨是非，形成自己的价值观。

洪兰教授的父母亲在她小的时候，一直利用各种机会向她传授人生经验。她的父亲经常模拟社会上的情境问她："如果是你，你会怎么做？"还经常给她讲坐吃山空的例子，让她养成勤俭的习惯。

03

与此同时，父母要让孩子明白，在与人交往的过程中，第一印象的重要性远远超出我们的想象。

人与人之间的关系非常微妙。很多人可能为自己不善言谈而苦恼，觉得影响了人际交往。其实，对方对你的印象，早在你开口之前就已经形成了。

这种说法并非空穴来风，而是有依据的。社会心理学家发现，早在两人尚未用语言沟通之前，一方对另一方已经有了80%的判断，这种判断主要来源于非语言沟通，包括肢体动作、手势和面部表情。

换言之，早在你向陌生人问好之前，他已经对你产生了好恶之心。所以说，第一印象是很难改变的。

正所谓"相由心生"，别人对我们的第一印象，很大一部分源自我们从外表上所展现出来的自己到底是一个什么样的人。

在培养孩子的过程中，要加强对孩子的品格教育。因为一身正气的孩子，会让心怀不轨的人心生畏惧。

总之，如果一个人无缘无故地讨厌我们，那就有可能是他从内心深处感知到彼此不是一路人，那就远离他好了，不要试图作无谓的努力。

正如有句俗语所说："品格决定命运，习惯决定机会。"所以，为人父母，一定要好好塑造孩子的品格。

总之，作为父母，要重视大脑的作用，对孩子进行品格教育。要对孩子进行机会教育，抓住最佳时机对孩子进行教育。同时还要注意自己的言行举止，成为孩子的榜样。

第五章

用书籍的力量
影响孩子

- 以身作则，激发兴趣

- 因势利导，循序渐进

- 自由阅读，培养习惯

- 读万卷书，要靠技巧

- 选择书籍，见贤思齐

以身作则，激发兴趣

当下，随着"大语文"概念的兴起，对孩子阅读能力的要求越来越高，父母们都意识到了这一点。那么，作为父母，应当如何培养孩子自主阅读的能力呢？

01

俗话说，腹有诗书气自华，这是有科学依据的。

相关研究表明，阅读能够改变大脑，而大脑改变了，人的行为就会自然而然地发生变化。

这是因为，孩子如果经常阅读，就会不由自主地模仿书中主人公的行为，所以，谈吐变得文雅了，做事也周全了，气质也就发生了改变。

而且，阅读对于孩子语言能力的影响是显而易见的。孩子如果每天能够坚持阅读，对书中的遣词用句和所刻画的人物进行揣摩，持续一段时间，就能够提高写作能力和口语表达能力。

当然，父母们要明白，孩子可以阅读的范围非常广泛，除了阅读书籍之外，经常翻阅漫画，也属于阅读。

心理学实验表明，即使是大量阅读漫画，也有助于提升孩子的智力。

因为人的大脑非常奇特，只要是人们看过的，哪怕只是漫不经心地瞥上一眼，都会在脑神经上留下痕迹。

更重要的是，科学家们发现，人类的基因和黑猩猩的基因只有区区1.5%的不同，不过，正是由于这一点的不同，人类和黑猩猩的命运有了天壤之别。

正是由于这点不同，人类成为唯一能够使用文字、具备阅读能力的动物，所以，人类可以享用祖先流传下来的智慧精华，从而造就了人类文明。

02

父母要怎么做，才能让孩子养成阅读的好习惯呢？

对此，脑科学家洪兰教授指出，父母要以身作则，自己也要养成阅读的习惯。

这是因为，早在1992年，神经学家就在大脑中发现了最原始的学习机制，也就是镜像神经元。

从婴儿刚一出生，镜像神经元就开始工作了，所以孩子会自然而然地模仿父母的言行举止，就像是在照镜子一样。

换言之，经常在孩子面前阅读，同时给孩子准备一些适合他阅读的书籍，进行亲子阅读，孩子很快就会喜欢上阅读。

另外，要培养孩子阅读的习惯，还可以根据孩子的年龄，从孩子最感兴趣的绘本或者是漫画入手。

父母可以借助图片，启发孩子的想象力，增加孩子的词汇量。

只有当文字和脑海中已有的词汇形成联结的时候，阅读才会产生。等孩子积累的词汇量多了，再慢慢过渡到图画少的书籍，孩子就会逐渐养成自主阅读的习惯。

金金的妈妈从小就喜欢阅读，也希望孩子能够从小就养成阅读的习惯，所以，她从孩子几个月开始，就有意识地和孩子亲子共读，每天和孩子一起阅读半小时绘本，希望他能从阅读中获得乐趣。

总之，父母要从脑科学的角度了解孩子大脑的运行规律，用科学的方法培养孩子自主阅读的习惯。

具体而言，父母要以身作则，经常阅读，孩子善于模仿，自然而然地就会捧书阅读；当然，还可以引导孩子进行亲子阅读，与父母一起快乐地阅读。

因势利导，循序渐进

作为父母，要想清楚对孩子的期望到底是什么，希望把孩子培养成什么样的人。

父母要让孩子养成阅读的习惯，一定要因势利导，从孩子的年龄和兴趣入手，循序渐进地引导孩子。而且，一定要从孩子很小的时候就开始培养他对读书的热情。

01

对于0~3岁的孩子，父母要根据这个年龄段的特征和孩子的个人兴趣，为孩子挑选合适的绘本。

父母一定要清楚一点，对于0~1岁的孩子而言，不要寄希望于他从绘本中获得什么样的知识，最主要的应该是让他对绘本产生兴趣，让他在被电视机、智能手机、平板等电子产品吸引之前，意识到原来世界上还有比电子产品更好玩、更有趣的东西。

因此，对于这个年龄阶段的孩子而言，绘本还兼具玩具的功能。如果你的孩子正好处于这个年龄段，你作为父母又不知道该如何选择绘本，则可以选择以下种类的绘本：

第一种绘本，是洞洞书。

年龄较小的孩子在认识世界的过程中，会对洞洞产生兴趣，所以，可以为这个年龄的孩子选购一些洞洞书。

如果你的孩子从几个月开始就对汽车表现出浓厚的兴趣，那么，在为孩子购买绘本时，可以选择介绍汽车的洞洞书，比如绘本《我最喜欢车子》。

这本书中介绍了各种不同的车子，每个车轮子所在的位置都被挖了一个洞，交叠在一起，构成了一种特殊的效果。

书中的语言风趣、押韵，读起来朗朗上口。对于喜欢车的小朋友来说，这是不错的选择。

第二种绘本，是立体书。

立体书是将书中的动物、植物、交通工具等各种各样的物体用非常立体的形象展示出来。这种书籍最大的特点是具有趣味性，能够让孩子非常直观地感受并认识各种物体。

比如，对于爱好交通工具的孩子，可以为他购买一些交通工具的立体书，和孩子一起共读。对于痴迷于汽车的孩子而言，这种立体书比玩具更有吸引力。

第三种绘本，是培养生活习惯类的，比如小熊孩子系列绘本。

这套书值得推荐，通俗易懂，以小熊为主人公刻画了0~1岁的小孩子身边的各种事情，能够带给孩子直观的感受，很容易被孩子接受。

这套绘本很贴近这个年龄的孩子，从身边简单、熟悉的行为、事件入手，引导孩子的习惯养成。

比如《收起来》《拉粑粑》《洗澡》等，让孩子在简单的情节中，学会收拾玩具，自己去拉粑粑，去洗澡。

很多父母反馈，自己当年为孩子共读这套书（尤其是其中的那本《收起来》）时，很快就把全书的内容记住了，每次玩完玩具后都会念叨着"收起来，收起来"，然后自己把玩具收拾好。由此可见这套书的影响力。

02

2岁的孩子能够明白一些简单的情节。父母在为其挑选绘本的时候，最好是选择文字简单并且内容有趣的。

如果家有2岁的孩子，可以为孩子挑选的绘本如下。

首推绘本《我妈妈》。

对于2岁的孩子来说，妈妈是她最依赖最熟悉的人。在这个绘本中，孩子可以找到妈妈的影子。在每个孩子的眼里，妈妈确实正如绘本中所表现的，是一个伟大的超人，是全世界最强壮的女人。因为一个女人一旦成了妈妈，就变成了世界上最厉害的超人。

同系列的图书还有绘本《我爸爸》。

客观来说，绘本《我爸爸》的趣味性明显高于绘本《我妈妈》，也许是因为爸爸们只需要稍微花点心思陪伴孩子，就可以令孩子产生好感。

相较于爸爸们，妈妈们总是过于担心孩子的安全、卫生，在带孩子玩耍的时候出于各种担心而限制孩子的行为，无法做到对孩子的倾情陪伴。

除了与上述绘本风格相近的故事型绘本，还要为孩子选择能够锻炼其思维能力的绘本，比如绘本《谁藏起来了？》。

这本书非常适合2岁左右的孩子阅读。

对于这个年龄的孩子而言，捉迷藏是一件非常有意思的事情，他们对于突然消失又突然出现的人充满了兴趣。

这本书正是结合孩子的这一心理设计的，让孩子从多个动物中挑选藏起来的动物，从而锻炼孩子的思维能力、记忆能力和分辨能力。

03

当孩子长到 3 岁的时候，已经有了自己的主见。在为这个年龄的孩子挑选绘本的时候，一定要尊重孩子的个人兴趣，他喜欢读什么绘本，就与他共读哪本绘本。

孩子的年龄阶段不同，对绘本的要求也不同。孩子在 2 岁时不喜欢的绘本，很可能是他还没有发育到能读懂这本绘本的阶段，过几个月可能又喜欢阅读了。

燕子的妈妈记得，燕子快 2 岁的时候很讨厌绘本，一年后自己又翻出来津津有味地翻看，还要求妈妈读给她听。

燕子的妈妈指出，每个孩子的爱好和兴趣不同，适合阅读的绘本也不同。所以，作为父母，一定要观察和深入了解自己的孩子，结合孩子自身的爱好，为孩子选择适合他阅读的绘本。

燕子的妈妈是个书迷，自己平时就非常喜欢阅读，对于她而言，阅读是人生的一大乐事。她表示，只有让孩子同样沉浸在阅读的快乐中，孩子才能真正爱上阅读。

只要是孩子不反感的绘本，都可以尝试和孩子一起阅读。

但是，身为父母，需要注意的是，只要是孩子不喜欢看的绘本，一定不要强迫孩子阅读。毕竟，读书是人生一大乐，不要把它变成苦差事。

再者，父母还要注意，如果孩子一时并不喜欢读书，也不要强迫孩子必须读书。毕竟，书到今生读已迟。

这句话出自清代诗人袁枚所著的《随园诗话》，讲的是宋朝大才子黄庭坚转世的一段公案。大意是，这辈子才开始读书，已经迟了。

所以，作为父母，何必太过在意孩子一时是否读书。要把养育孩子看作一件需要长期坚持的事情。

　　即使孩子目前不喜欢读书，也不要焦虑、生气甚至谩骂孩子，要看淡此事，同时以身作则，自己每天坚持读书，并真正地投入阅读，从中感受到乐趣，对孩子产生潜移默化的影响。

自由阅读，培养习惯

父母要培养孩子的阅读习惯，有很多技巧和方法。正如《阅读的力量》一书中所提到的，要让孩子爱上阅读，就要从自主自由阅读开始。

所谓自主自由阅读，就是让孩子有阅读的自由，有自主选择所阅读的书籍的自由。

01

父母要为孩子挑选与其兴趣相符的绘本。

每个孩子在不同的年龄阶段，都有自己特别感兴趣的东西。可以从这方面入手，挑选一些与这些东西相结合的绘本，这样孩子就会对绘本产生兴趣。

天天的妈妈发现，天天从几个月到5岁一直都非常喜欢各种车，所以，最初为了引起天天的阅读兴趣，她根据天天不同年龄阶段的理解能力，先后买了关于汽车的洞洞书《我最喜欢车子》、关于托马斯故事的系列绘本，还有《一百层的巴士》等。

天天看到绘本上的各种车，果然产生了浓厚的兴趣，经常自己翻看，还总拿出绘本让妈妈给他读。

最近半年，天天的兴趣从车转移到恐龙身上，天天的妈妈顺势购买了一些关于恐龙的绘本《恐龙大陆》系列等，还带着他去图书馆借阅了关于恐龙的系列绘本，如《奇奇颗颗历险记》等，对于这些绘本，天天的兴趣非常浓厚。

02

父母要培养孩子的阅读兴趣，可以在亲子共读的时候，用夸张的语气为孩子阅读绘本。

田田的妈妈表示，每次给孩子阅读绘本，都有一种秒变"戏精"的感觉。最初，田田只喜欢玩玩具，根本静不下心来和妈妈一起看绘本。

于是，田田的妈妈专门挑选了一些描写各种声音比较多的绘本，比如《不莱梅乐队》。田田对听她读绘本没兴趣，她就自己在一旁大声朗读，边朗读边模仿各种动物的叫声。果然，不出她所料，田田很快就产生了浓厚的兴趣，自己跑过来和妈妈一起看绘本。

之后，田田的妈妈每天都利用半小时的时间，和田田一起阅读绘本。没过几天，田田就养成了阅读的习惯，自己主动拿起绘本让妈妈给自己读。

03

父母要培养孩子的阅读兴趣，还可以用表演的方式演绘本。

作为父母，在培养孩子阅读习惯的时候，一定要多动脑筋，采用各种方法。比如，在和孩子共读绘本时，除了用"念"的方式，还可以用"演"的方式。

相信很多父母在上学的时候都演过课本剧，通过表演，可以对课文内容有更深入的理解，能够更透彻地体会作者所表达的情感。

通过沉浸其中，我们才能够深刻体会到角色本身的感觉，从而加深对角色的理解和对文章的记忆。

演绘本和演课本剧的方式很相似，不过更放松，更随意。在和孩子玩耍的时候，可以加入各种绘本中的情节，用表演的方式把绘本表演出来。比如阅读绘本《阴天有时下肉丸》时，可以找靠背、枕头等代替食物，让孩子在玩的过程中感受到快乐，玩后再和孩子一起阅读绘本，对照自己在表演时是否有所遗漏。相信孩子一定会爱上这个绘本。

和孩子在一起，无论是一起玩耍，还是一起读绘本，还是一起学习，都要有童心。

其实，从某种意义上来说，人生又何尝不是一场戏？用演的方式读绘本，能够激发孩子对绘本的兴趣，还能加深孩子对绘本的记忆和感受。

在给孩子阅读绘本的时候，无论是父母还是孩子，动用的感觉比较单一；而用表演的方式演剧本的时候，调动的感觉比较多，这样孩子才能对绘本有更深的体会。

而且，和孩子一起演过绘本之后再阅读，孩子又会对绘本有不同的感受和理解，也会有更深刻的记忆。大家不妨一试。

04

父母要培养孩子的阅读兴趣，还可以从以下几个方面入手。

第一，父母要准备合适的绘本读物。

父母要注意，在为孩子挑选绘本的时候，一定要根据孩子的爱好和年龄，选择适合的绘本。比如孩子3岁，喜欢汽车，那就可以挑选文字少的带有汽车的绘本。

第二，父母可以将绘本放到家中随处可见的地方。

还可以准备适合孩子的小书架，让孩子随时可以拿到绘本。

第三，父母可以为孩子提供适合阅读的环境。

如果父母希望孩子养成阅读的习惯，就要为孩子提供安静的阅读环境。

第四，父母可以安排好亲子阅读时间，帮助孩子养成每日阅读的习惯。

比如，父母可以每天留出30分钟的时间和孩子一起阅读。如果孩子一开始对阅读没兴趣，父母可以挑选自己喜欢的书籍投入地阅读。

如果孩子有样学样，逐渐开始表现出对绘本的兴趣，父母可以边看绘本边用夸张的声音读出来，孩子自然会被吸引。

总之，要让孩子养成阅读的习惯，父母就要创造各种机会，给孩子自由阅读的机会，让孩子对阅读产生兴趣。等孩子体会到阅读的乐趣之后，就会自然而然地喜欢上阅读。

读万卷书，要靠技巧

作为父母，要在关键的时候对孩子起到引领的作用。在孩子养成阅读的习惯，有了一定的阅读经验之后，就要引导孩子更进一步，提升阅读速度和理解能力。

01

玲玲是自由职业者，由于工作关系，每年都会阅读大量的书籍。

她在前些年看的大多是小说类等消遣的书籍，这几年意识到自己的不足，开始大量阅读实用性的书籍。看得多了，在身边的人眼里，渐渐化身为"书呆子"的形象。

所以，她经常会被问到诸如此类的问题："每天总看书，你累不累啊？""每年阅读几十本书，真的都读完了吗？"

其实，对于热爱读书的人来说，读书本身就是最好的奖励，压根儿就没有累的感觉。那种沉浸其中的愉悦感，那种读书时有所收获的满足感，非爱读书人所能体会。

当然，书读得多了，速度自然就快了。而且，在阅读实用性的书籍时，通常都有技巧，特别是同主题的书籍，很多内容都是相通的，读得多了，就不必每本都细看了。所以，在阅读这类书籍时，通常会遵循一些读书法则。

对于想提升孩子阅读能力的父母而言，完全可以引导孩子遵循这些读书法则。

第一个法则，是80/20法则，又名二八法则。

这一法则源自经济学中的二八定律。

所谓二八定律，是经济学家帕累托在19世纪末发现的。当时，他发现，在很多方面，最重要的部分只占据了其中的一小部分，大约是20%；其余的80%，虽然是多数，却是非常次要的。比如在财富方面，世界上20%的人拥有了80%的财富。

其实，对于一本书来说，也存在着二八法则。换言之，一本书的精华部分，也就是80%的有价值的东西，可能只占全书20%的页码。具体而言，一本200页的图书，最有价值的部分可能只有40页。

所以，父母可以根据这一法则，在孩子阅读一本书的时候，帮助孩子科学地分配阅读时间。让孩子把主要时间和精力放到这本书最有价值的部分，引导孩子对这部分内容进行精读。

02

父母可以引导孩子掌握阅读的第二个原则，即集中击破的原则。

这一条原则是针对上一条原则而言的。一旦确定了全书的精华部分，那就找一个特定的时间段，集中最主要的精力，优先攻读这部分的内容。

换言之，用心精读这部分内容。至于剩下的80%的内容，泛读就可以了。

以《这辈子，只能这样吗？》这本书为例，通过目录可以看出，这本书共分为三大部分。

第一部分，分析低成就的高潜质族群的特点和形成原因。其实很多人都属于低成就的高潜质族群，对现状不满，不甘于平庸，却又很难改变。

第二部分，提出改变自我的步骤和方法。

第三部分，分析改变中可能遇到的问题，并提出进一步提高的策略。

从这几部分，就可以看出，最重要的内容当然是第二部分中的实操部分，那就重点看这一部分内容就好了。次重点是第三部分，因为涉及下一步的提升。至于第一部分，大体翻阅一下就可以了。

等孩子学会了这一阅读原则，父母可以引导孩子反复运用这一原则，直至孩子完全掌握了为止。

另外，父母需要让孩子明白，即使一本书的内容全部都是原创的，也不免会引用到前人的观点、事例等，真正能够做到100%原创的内容并不多。而这部分100%的原创内容，就是这本书的价值所在。对于这部分内容，可以着重阅读。

父母可以引导孩子掌握阅读的第三个原则，即逐步递进原则。

很多人在读一本书时，习惯从头读到尾。其实，要提高读书效率，可以"不按牌理出牌"，无需按页码从前往后阅读。可以跳读，先阅读自己最感兴趣的部分，再慢慢扩展到其他部分。

还可以按照主题阅读的方式，在一段时间内阅读同主题的书籍。比如，对于高年级的孩子而言，如果想提高自己的写作能力，那就找一些经典的指导写作方面的书籍，像《写出我心》《哈佛非虚构写作课》《一本小小的红色写作书》等进行阅读。

03

父母可以引导孩子掌握阅读的第四个原则，是"他山之石，可以攻玉"。换言之，要有效提高读书的效率，可以向那些阅读能力很强的人学习，这些人对于读书都有一套独特的读书方法。比如钱钟书、苏轼等人，他们对于读书颇有心得。

父母完全可以让孩子向这些读书厉害的人学习，使用他们所用的阅读方法。

首先是钱钟书。

他的大名，相信大家都耳熟能详了，特别是他写的那部小说《围城》，更是被人们誉为"新儒林外史"。

他精通多种语言，对于中国古典文学经史子集也非常精通，人们盛赞他的头脑是"20世纪最具智慧的头颅"。人送外号"博学鸿儒""文化昆仑"。

当年，他的数学仅仅考了15分，不过，由于英文和国文的水平非常高，英文甚至考了满分，所以被清华大学破格录取。

自从进入清华大学开始，钱钟书就立下志向，要"横扫清华图书馆"，换言之，把清华图书馆的一百三十多万册藏书全都通览一遍。他读书喜欢做笔记，还反复翻看，所以几乎达到了过目不忘的程度。

他有一句关于读书的话令人印象深刻，即"化书卷见闻为吾灵性"。

正如他所说，他所看过的书卷确实都转化为了他的灵性，为他写就《围城》和其他专业性著作打下了坚实的基础。

钱钟书的夫人杨绛曾在文章中介绍过钱钟书的读书之道。许多人都说，钱钟书的记忆力特别强，过目不忘。他本人却不认为自己有那么"神"。他只是好读书，肯下功夫，不仅读，还做笔记；不仅读一遍两遍，还会读三遍四遍，笔记上不断地补充。所以他读的书虽然很多，也不易遗忘。

换言之，钱钟书读一本书时，会边读边做笔记，大概会花费比读书多一倍的时间做笔记。每次再读一遍书时，会再增添笔记。而且，他还会反复地、不定期地翻开读书笔记。

这一习惯是他在牛津大学图书馆读书的时候养成的，而且，由于他们夫妇生活动荡，搬来搬去，没地方藏书，所以钱钟书读的很多书都是从图书馆借来的。由此可见，"书非借不能读也"。

钱钟书的读书方法看起来很简单，但反复多次用这个方法，却能做到过目不忘。

其次是苏轼，他所采用的阅读方法是"八面受敌"精读法。

每一本好书的内容都非常丰富，阅读时可以多读几遍，每次只带着一个目标仔细研读。这样一来，每读一遍，就会有全新的收获。

苏轼在阅读《汉书》时就用的这种方法：读第一遍时，他着重研读书中的治世之道；读第二遍时，他着重研读书中的用兵之法；读第三遍时，他着重研读书中的人物和官制。就这样，读过几遍后，他悉数掌握了书中的全部内容。

选择书籍，见贤思齐

对于普通人而言，读书是能够让我们提升最快的方式。很多名人通过自身经历告诉我们，依靠读书，完全可以使我们拥有想要的生活。

因此，作为父母，一定要让孩子爱上读书。不过，在为孩子挑选书籍的时候，很多父母都非常困惑，不知道应该让孩子读哪些书，选择哪类书籍，应当遵循哪些原则。

其实，父母在为孩子挑选书籍的时候，可以遵循如下原则。

01

父母在为孩子选择图书时，要根据孩子的年龄特征，挑选他自己最想读的书。

很多父母都希望自己的孩子多读书，于是从网上为孩子选购大量图书。但遗憾的是，其中的很多书都被孩子束之高阁了。有的书，孩子甚至过了好几年都从来没有翻开过。

这让父母感到很失望。有些父母甚至会生气地责骂孩子，这些都是错误的做法，非但无法让孩子爱上读书，甚至有可能会起到反作用，让孩子原本对于读书的兴趣都消失殆尽。

那么，父母应该如何做呢？

在为孩子挑选图书的时候，父母一定要注意，不要根据个人的好恶或者网上的书单盲目地为孩子进行选择。

要知道，每个孩子都是一个独立的个体，而读书本身是一件非常私人化的行为，每个孩子喜欢阅读的图书都不一样。

所以，最好把选择的权利交给孩子，让他根据自己的兴趣爱好，挑选自己最喜欢的图书。即使再小的孩子，也能够从众多绘本中挑选出自己最喜欢的那本。

02

首先，父母可以带孩子去图书馆，给孩子自主选择的权利。

正所谓"书非借不能读也"，很多书籍，其实是没有必要全部都购买的，此时可以借助去图书馆借阅的方式获得。

小刚的妈妈发现，小刚近几个月对恐龙萌生了浓厚的兴趣。于是，小刚的妈妈除了给小刚购买了诸如《恐龙大陆》系列、《你看起来好像很好吃》等比较经典的恐龙绘本，还带小刚去了图书馆，让他自己挑选合适的恐龙绘本，比如恐龙百科、关于三角龙的绘本等书籍，通过自己挑选、借阅绘本的过程，小刚对借来的绘本充满了兴趣，一回到家就很快看完了自己所借阅的绘本。

其次，父母还可以带孩子去童书馆，让孩子自己选择图书。现在很多地方都有童书馆，里面的书籍更新比较快，绘本的种类繁多，也不失为孩子选择绘本的一种方式。

最后，父母还可以带孩子去其他小伙伴家，让孩子与朋友交换图书。

与孩子同龄的小伙伴家有很多绘本，大家可以在孩子允许的基础上，与对方互换绘本阅读。当然，一定要按照约定还书，还要保护好绘本。

03

对于高年级的孩子，父母在为孩子挑选图书的时候，可以从孩子最需要解决的问题入手。

如果孩子需要阅读名著，那就可以找一些小说、散文之类的书单，那些经典的小说，比如四大名著、《活着》《飘》《平凡的世界》《遥远的救世主》《解忧杂货店》等等，都可以纳入书单之中。

读名著可以增长智慧。这些名著可以反复读很多遍，每个年龄段读，都会有不同的体会。所以，父母要让孩子明白"书读百遍，其义自见"的道理。

最好的一本童书，首推《西游记》。

《西游记》是一本可以让人从小读到大、再读到老的童书。

小的时候，我们喜欢读《西游记》，是因为从中看到了无拘无束、无所不能的孙悟空，是把他当成了心目中的英雄。他调皮，总是做出一些令人捧腹大笑的举动；他勇敢，一副天不怕地不怕的样子；他厉害，会七十二变，会腾云驾雾，能斩妖除魔；他忠诚，护送唐僧取回真经。

长大了再读《西游记》，又有另外一种滋味。开始读懂了孙悟空背后的落寞，读懂了他背后的孤寂，读懂了他背后的无奈；开始读出了去西天取经的师徒四人的不同性格和不同的处事方式，读出了职场的意味，读出了妖魔鬼怪背后的故事。

年龄再大些，再读《西游记》，开始体会到其中的佛学、人生的多重意味，命运的轮回，生命的波澜。

等老了之后，对《西游记》又会有不同的体会。

　　如果孩子渴望成长，希望提升自己，那就可以给孩子购买一些构建思维模式和心理学方面的书籍，比如《穷查理宝典》《终身成长》《少有人走的路》《遇见未知的自己》等等。

　　如果孩子希望能提高学习能力，那就可以给孩子购买一些学习类的书籍，比如关于阅读方法、学习技巧、记忆方法等方面的书籍。

第六章

相 信 孩 子
静 待 花 开

- 播种信任，滋养成长

- 静心观察，耐心引导

- 静心育儿，接纳平凡

播种信任，滋养成长

在孩子的成长过程中，信任是建立健康亲子关系的基石。信任不仅能增强孩子的自信心，还能激发他们的潜能。信任的力量是巨大的。只有在信任的环境中，孩子才能茁壮成长。

01

信任的第一步在于理解孩子。每个孩子都是独特的，拥有不同的性格、兴趣和发展节奏。《史记》中记载："鄙语二：尺有所短，寸有所长。"父母应当尊重孩子的个性，理解他们的需求与情感，才能在教育中建立信任。

要做到这一点，父母需要倾听孩子的声音。在日常生活中，父母应多与孩子沟通，关注他们的想法与感受。通过倾听，父母不仅能更好地理解孩子的需求，还能让孩子感受到被尊重与重视。正如《论语》所言："君子和而不同。"尊重孩子的个性，允许他们表达自己的观点，能够增强孩子的自信心，使他们在家庭中感受到安全感。

父母还应关注孩子的发展特点。每个孩子在不同的发展阶段，所表现出的行为和需求各有不同。教育家陶行知曾说："教育即生活。"父母应在观察中理解孩子的成长规律，适时调整教育方法。比如，学龄前的孩子好奇心强，父母可以通过游戏和探索来激发他们的学习兴趣；而进入青春期的孩子则更加渴望独立，父母则应给予他们一定的自由空间，培养他们的自我管理能力。

与此同时，父母还要尊重孩子的选择与兴趣。每个孩子都有自己的爱好与追求，父母应支持他们探索自己的兴趣。孩子的内在潜力需要通过适当的方式激发，父母可以引导他们选择适合自己的兴趣活动，让孩子在探索中发现自我，增强他们的自信与自主性。

02

信任的建立离不开安全感的营造。安全感是孩子健康成长的重要保障，只有在一个安全的环境中，孩子才能放心大胆地尝试和探索。古人云："有备无患。"父母在生活中应当为孩子提供一个稳定、可靠的成长环境，让他们无后顾之忧。

父母要为孩子营造稳定的家庭氛围。家庭是孩子成长的第一环境，良好的家庭氛围能够给予孩子安全感。父母之间要保持和谐的关系，避免争吵和冲突。孩子在温暖的家庭氛围中，能够感受到爱的支持，从而增强自信心。同时，父母应建立固定的生活规律，比如每天固定的作息时间和学习时间，帮助孩子形成安全感与归属感。

父母还要及时回应孩子的需求。在孩子遇到困难或挫折时，父母应及时给予支持与帮助。古人云："不以规矩，不成方圆。"孩子在成长过程中，难免会遇到各种挑战，此时，父母的关注与理解尤为重要。通过倾听孩子的困惑，给予他们合理的建议和支持，能够让孩子感受到关怀与支持，从而在心理上建立起强大的信任感。

再者，父母要鼓励孩子表达情感。信任的建立需要沟通，父母应鼓励孩子表达自己的情感和需求。通过积极的情感交流，父母能够让孩子感受到家庭的温暖，增强彼此之间的信任与理解。父母可以通过游戏、绘画等方式，帮助孩子更好地表达自己的情感，减轻心理负担。

03

信任的真正体现是给予孩子一定的自由与空间，鼓励他们自主探索。孩子的成长需要在不断的尝试与探索中实现，父母应学会放手，让孩子在实践中锻炼自己。

要鼓励孩子独立思考。父母要信任孩子的能力，给孩子提供独立思考的机会。在日常生活中，父母可以通过引导性的问题，鼓励孩子思考和表达自己的观点。孩子的观点虽然未必成熟，但通过思考和讨论，他们能够在互动中不断成长，增强独立性与自信心。

父母还要为孩子提供适当的挑战。信任的培养还需要通过适当的挑战来实现。父母可以根据孩子的能力设计一些小挑战，鼓励他们勇敢尝试。例如，给孩子设定一些小目标，帮助他们在达成目标的过程中提升自我认知与能力。教育家约翰·杜威曾说："教育的本质在于体验。"在挑战中，孩子能够体验到成功的快乐，增强自我效能感。

最重要的是，父母要尊重孩子的失败。失败是成长过程中的一部分，父母应当尊重孩子的失败经历，而不是简单地指责。古人云："失败乃成功之母。"通过正确对待失败，父母可以帮助孩子从失败中总结经验教训，增强他们的心理韧性。在这种环境中，孩子会感受到父母的信任与支持，愿意继续尝试与探索，最终实现自己的成长。

希望每位父母都能在育儿的旅程中播种下信任的种子，静待花开那样等待孩子慢慢成长。

静心观察，耐心引导

在孩子的成长过程中，父母的角色至关重要，其观察和引导是不可或缺的。静心观察不仅能让父母更好地理解孩子的需求和情感，还能为孩子提供合适的引导。古人云："不闻不问，不知其故。"在教育中，父母需要时刻关注孩子的变化，以便给予及时的支持和帮助。

01

细致的观察是父母教育过程中必不可少的一环。正所谓"察言而观色，知人之心"，父母需要通过观察孩子的行为、情感和兴趣，捕捉他们成长中的重要信号。

父母要观察孩子的情绪变化。孩子的情绪往往是他们内心世界的直接反映。当孩子快乐时，可能会表现得活泼开朗；而当他们遇到挫折时，则可能会变得沉默寡言。父母应当学会识别这些情绪变化，及时给予关注和理解。

如果父母能够对孩子的情感变化进行细致的观察，就能在他们需要支持的时候，给予适时的安慰。

父母还要关注孩子的兴趣与倾向。每个孩子在成长过程中都有自己独特的兴趣和倾向，父母需要敏锐地捕捉这些信号。孔子在《论语》中提到："知之者不如好之者，好之者不如乐之者。"当孩子对某个事物表现出浓厚的兴趣时，父母应积极引导他们去探索和发展这一兴趣。比如，如果孩子对绘画表现出强烈的热情，父母可以为他们提供绘画工具和学习资源，鼓励他们进行创作。

再者，父母要观察孩子的社交行为。孩子在与他人交往的过程中，会表现出不同的社交能力和情感管理能力。古代智者曾讲述过"孟母三迁"的故事，孟子的母亲为了让儿子得到良好的教育，不惜多次迁居。这一智慧启示我们，父母在观察孩子的社交行为时，应能够识别出他们在不同环境下的表现，从而为孩子创造更有利于发展的社交环境。

02

在静心观察的基础上，父母的理性引导至关重要。古人云："教无定法，惟须因材施教。"每个孩子的特点各不相同，父母应根据孩子的实际情况给予适当的引导。

父母在引导孩子的过程中，应避免设定过高或不切实际的期望，以免给孩子带来压力。《论语·尧曰》中云："不教而杀谓之虐。"过于严苛的要求可能会让孩子感到无所适从，反而适得其反。父母应根据孩子的年龄、能力和个性，制定切实可行的目标，让孩子在实现目标的过程中感受到成就感。

需要注意的是，有效的引导不仅仅是对孩子行为的纠正，更需要在适当的时候给予积极的反馈。老子在《道德经》中提到："道生之，德畜之，物形之，势成之。"父母的鼓励能够帮助孩子建立自信，让他们愿意在失败中学习和成长。当孩子在某一领域取得进展时，父母应及时给予赞扬和鼓励，让孩子感受到努力的价值。

与此同时，父母还要为孩子创造宽松的学习环境。古人有云："师者，所以传道授业解惑也。"良好的学习环境能够激发孩子的积极性与创造力。父母应为孩子提供丰富的学习资源和自由探索的空间。比如，设置一个专门的学习区域，提供多样化的书籍和玩具，让孩子在自主选择中培养兴趣与能力。

03

耐心引导是教育过程中不可或缺的部分。古人云："千教万教，教人求真。"父母在引导孩子的过程中，不仅要关注知识的传授，更要注重培养孩子的独立思考能力。

父母要鼓励孩子提出问题。培养孩子的好奇心和求知欲是父母的重要责任。孔子曾说："知之者不如好之者，好之者不如乐之者。"父母应鼓励孩子在学习过程中主动提问，让他们在探究中发现问题、解决问题。当孩子提出问题时，父母可以与他们一起讨论，帮助他们找到答案，激发他们的独立思考能力。

再者，自我反思是促进孩子成长的重要方式。父母可以通过引导孩子进行日常总结，帮助他们回顾自己的行为和感受。例如，孩子在学校遇到困难时，父母可以询问他们对问题的看法和解决方案，引导他们进行深度思考。正如《大学》所言："格物致知，诚意正心。"通过自我反思，孩子能够不断完善自我，提升解决问题的能力。

最重要的是，父母要培养孩子的决策能力。在孩子面临选择时，父母应适当放手，让他们自己做决定。古人"割席断交"的故事告诉我们，人与人之间的关系需要相互尊重与理解。当孩子面对选择时，父母可以向孩子讲述类似的故事，与他们讨论不同的选择及其后果，让他们学会评估和决策。这不仅能培养孩子的独立性，还能增强他们的责任感与自信心。

静心育儿，接纳平凡

每个父母在养育子女的过程中，都会面临诸多的挑战。

其中最残酷的一项挑战，是接受自己的平凡，接受孩子的平凡。

只有真正能够坦然接受孩子长大后有可能成为一个平凡的人，才能够静下心来看清孩子，才能够看到孩子本身而非加诸他身上的种种期待，才能真正做到陪伴孩子长大。

01

杨姐接受自己和孩子的平凡，经历了一个非常漫长的过程。

从期待孩子考上清华北大，到最终期望孩子像正常人一样生活就满意了，杨姐终于接受了自己的孩子只是一个平凡的孩子。

杨姐争强好胜，当年她从贫穷的小村庄考到北京的重点大学，付出了很多努力。

和大学同班同学结婚生女后，她觉得女儿只会比自己更好，所以一心把女儿朝着清华北大的方向培养。她的女儿也始终不负她的期望，小学初中成绩一直不错，也很乖巧懂事。没想到，等她的女儿上了高中，随着学业的加重，她越来越有吃力的感觉。她始终觉得是女儿不够努力，所以对女儿的要求更加严格，每天都督促女儿学习，压得女儿喘不过气来。

久而久之，女儿爆发了，把书都从楼上扔了下去，说再也不想学了，也不想活了。杨姐带着女儿去了医院，才知道女儿由于压力太大，患上了抑郁症。其实之前早就有迹象，女儿说自己失眠，睡不着，大把掉头发，头疼，但杨姐始终没在意，总是以为女儿是在为逃避学习找借口。从那以后，女儿不能听到"学习"二字，一听就会发疯。杨姐崩溃了，她这才意识到自己做错了，她为女儿办理了休学手续，并辞职在家专心陪孩子，每天带着孩子玩从小没玩过的亲子游戏，带着女儿外出踏青，给女儿做好吃的。

就这样过了半年，女儿脸上的笑容越来越多，终于有一天主动对杨姐说："妈，我要去上学。"听到这句话，杨姐忍不住泪流满面。

女儿复学之后，杨姐再也没过度干预过女儿的学习。有了这次经历，她也终于释怀了，现在，她只希望孩子能够平安长大，过一个普通人的生活就可以了。

周国平说，每个人都要经历三次长大：

第一次是接受自己的父母是平凡的父母；

第二次是接受自己是平凡的；

第三次是接受自己的孩子是平凡的。

02

萌萌假期和几个堂妹、表妹聚在一起，聊起从小到大的一些经历。这些年，她们从懵懵懂懂、天真烂漫的女孩，成长为一个女人，一个妻子、一个母亲。由于性格、选择、经历的不同，大家现在的状况也有很大的差别。

不过共同的一点就是总是感觉累，是女孩的时候，有人为自己负重前行，所以不需要直接面对生活的残酷；现在，自己成了那个为孩子、为家庭负重前行的人，自然时常觉得很累。

从女孩变成一个母亲，最显著的标志是变得现实了。在女人看来，不会像女孩那样专注于儿女情长。曾经看得比天还大的事情，现在看来已经变得无足轻重了。

《红楼梦》中，贾宝玉说："女孩儿未出嫁，是颗无价之宝珠，出了嫁，不知怎么就变出许多不好的毛病来，虽是颗珠子，却没有光彩宝色，是颗死珠了；再老了，更变得不是珠子，竟是鱼眼睛了。"

贾宝玉的这几句话，虽然有些刻薄，但从一定程度上揭穿了女孩和女人的区别。不过，女人有如此转变，是因为遭受了现实的毒打，被现实狠狠摁在地上摩擦，重压之下慢慢变得现实。

而女孩所经历的世事不多，对社会、对生活还抱有纯真的幻想和憧憬，而这些幻想和憧憬都是很难落地的，所以总是显得不接地气。

当然，做了妈妈的女人要意识到，太过现实，就失去了对生活的热忱，就失去了情趣。即使现实，也要把握一定的度。

03

茗茗结婚前，把大部分精力都放到了谈恋爱上，男朋友忘了买花，她就生气；男朋友情人节没送礼物，她就生气；男朋友和别的女性聊天，她就整天怀疑他是不是劈腿了。这么多的时间和精力都用在考虑儿女情长上，自然对工作就懈怠了。

不过很多女孩太过在意这些，她们会把男人当成依靠，觉得干得好不如嫁得好。

结婚生子后，茗茗终于明白了，嫁得再好也不如自己干得好，后悔把青春美好的时光都放到了儿女情长上，觉得感情虽然重要，但不是人生的全部。无论男人女人，人生最重要的都是自我成长，成就更好的自己，成为孩子的好榜样。

03

小玉在结婚之前，总觉得一个人实在太孤单了，觉得独自一人去看电影是一件很凄惨的事情；觉得一个人去吃火锅是很可怜的一件事；觉得一个人住着一间房子是很孤独的一件事。

而她结婚生子，成了孩子的妈妈之后，就领教了婚姻的烦琐。特别是有了孩子之后，她感觉家里的人就有点多了，有点拥挤了；有时候觉得柴米油盐的事情有些琐碎，有些让人厌倦。

这时候，她的愿望就是等孩子和家里所有人都睡着了，能静静地刷手机、看电影或者只是静静地坐着发呆。这些独处的时刻对她而言，实在太珍贵了。

正是靠这些独处的时刻，她才能找回自己，才能积攒一些能量，应对很快就要到来的重复的一天。

总之，生而为人，注定平凡。不如坦然接受，在接受的基础上改变自己所能改变的，反倒会有意外的收获。

从女孩到女人，从男孩到男人，是生理的成长，更是精神的转变。从妻子到母亲，从丈夫到父亲，都是一种蜕变。如何面对这种转变，用更智慧的方式面对自我、面对关系、面对生活，是每个女孩和女人以及每个男孩和男人的重大课题。

第七章

格局养育
成就未来

- 寻根究底，应对焦虑

- 改变思维，摆脱焦虑

- 格局养育，全心育儿

- 优化教育，构建实力

- 读懂孩子，成就未来

寻根究底，应对焦虑

对于父母而言，焦虑是一种十分常见的情绪。无论是工作还是生活，无论是抚养子女还是赡养老人，总有太多的问题需要面对和解决，很容易变得焦虑。

然而，过度焦虑是有害的。所以需要拥有反焦虑思维，这样才能从容面对生活、工作和育儿，才能让你不陷入过度焦虑。

01

我们每个人可能都或多或少地被焦虑所困扰。有这么一则和焦虑有关的小故事。

一天清晨，有一个人在路上正好碰到了死神，死神正朝着一座城市走去。这个人就问死神："你要去做什么？"

死神毫无表情地说："我要去带走100个人，我必须这么做。"

这个人吓坏了，就赶紧跑去提醒这座城市的所有人："死神马上就要来啦！"

到了这天晚上，他发现这座城市居然死了1000个人！这到底是怎么回事呢？

这时，他正好又碰到了死神，便鼓足勇气问死神："你告诉我你要带走100个人，为什么死了1000个人？"

死神依旧面无表情地说："我带走了100个人，其他的人都是被焦虑带走的。"由此可见，过度的焦虑比死神还要可怕。那么，如何才能快速摆脱焦虑呢？

20世纪心理学大师利斯曾用理性情绪行为疗法和认知行为疗法帮助大家战胜焦虑。《反焦虑思维》这本书则是以神经系统科学为基础，通过神经反馈训练帮助大家"转移注意力"，摆脱习惯性焦虑思维，然后运用相应的心理训练方法，重新改写大脑程序，将神经再次模式化，培养全新的思维模式，让我们重新获得对生活的掌控感，更加从容、自信地面对人生。

02

先看看第一个重点：焦虑产生的根源是什么？习惯性焦虑思维是如何形成的？

我们大家都知道，早在远古时期，人类的生存环境非常恶劣，如果不打起十二分的精神，提高警觉，高度戒备，迅速做出"逃跑还是战斗"的反应，随时就有可能性命不保。

在这种情况下，我们的祖先就形成了一种本能，那就是，关注一切潜在威胁，并找到迅速应对的方法。

到了现代社会，虽然人们不会再随时受到死亡的威胁，但人们的精神压力依旧很大，而且，我们的大脑更倾向于过度关注负面的因素，比如恐惧、不确定性和怀疑等，还会过度夸大对我们不利的问题，甚至会树立一些"假想敌"，在脑海中与那些根本不存在的敌人战斗。

当我们一直处在高度警戒的状态时，就会激发我们的原始恐惧，身体就会释放出一种导致焦虑的化学物质，这种物质还会导致人体衰老，所以经常处于过度焦虑状态的人总是比同龄人显得衰老。

这就是焦虑产生的根源。

03

那习惯性焦虑思维又是怎么形成的呢？

在日常生活和工作中，当危险确实存在时，我们应当具备快速识别并马上应对的能力。但很多时候，我们所面对的，都是被夸大甚至根本不存在的危险。

如果你总是依靠本能的反应去看待问题，随时进入"逃跑或战斗"状态，你的交感神经就会被激活，变得兴奋异常，心跳加快，血压升高，变得焦虑。

时间长了，你的大脑就像紧绷的弦，很难真正放松下来，始终对现实或幻想中的事情充满担忧，对未来的看法变得消极，并不停地强迫自己查找令人痛苦的因素。焦虑让你的反应过度，使情况变得更加糟糕，导致你变得更加焦虑，形成恶性循环。

在这种状态下，你的大脑就像编程一样，将你在生活中经受的各种冲击都输入进去，重新形成新的神经通路，形成一套固定化的模式，这种模式就会引发焦虑思维，导致你在下次遇到对自己不利的因素时，再次陷入焦虑之中。

换言之，我们的大脑是系统性的，就像计算机一样。大脑会自动记录你的情绪和行为的模式，并把这些都放到记忆中，然后转化为特定的精神状态。因为我们很容易就能记住某些事情带给我们的某种特别的感受，当这些感受被唤醒的时候，我们当时的精神状态就会被激发。

为了帮助大家更好地理解，我给大家举一个例子，比如我们都知道一句谚语："一朝被蛇咬，十年怕井绳。"就是因为被蛇咬的时候，感受太强烈了，以至于再次见到和蛇的形状非常相似的井绳时，就会再次陷入痛苦和恐惧之中，你就会赶紧跑得远远的。

一旦形成了习惯性焦虑思维，我们就会像一只被关进笼子里的、一直在跑滚轮的仓鼠，虽然总是焦躁不安地忙个不停，想要寻求出路，却始终找不到出口，无法获得真正的解脱。

要获得真正的解脱，打破习惯性焦虑的思维模式，就要首先重新训练大脑的神经系统，将注意力转移到别的事情上；然后再次训练思想内容，调节身体对意外的反应，改写以往的思维模式，创造全新的自我。

改变思维，摆脱焦虑

改变思维，摆脱焦虑，父母就可以拥有从容的心态。

01

从焦虑中脱身的心理训练方法，其中有几种是立竿见影的，在很短的时间内就能调整大脑，阻断习惯性焦虑。

例如：双侧刺激，比如让双手同时变温暖；还有深度放松，自我关怀等等。这些都比较容易理解，也很容易操作。我们可以回归自然，出门旅游，或是去河边、去公园散步，随便走走，或是跑步，听音乐等等。

我们重点来看看另外三种比较特别的训练方法。

第一个是心智游移和未来导向思维；

第二个是将神经再次模式化；

第三个是全脑同步运作。

在开始介绍这三种心理训练方法之前，我们先来看看神经系统科学的相关发现。

心理学专家提到，研究显示，我们人类的情绪状态还有精神状态都是大脑脑波的产物。脑波共有5种，各自的频率范围不同，与焦虑等各种情绪有直接的关系。

其中的β（贝塔）波的频率很快，频率范围从12赫兹到35赫兹，它的任务主要是集中注意力和完成认知。但β波一旦过量，就会刺激我们的大脑边缘系统，触发我们的保护性反应。

当我们陷在β波中的时候，我们就会变得焦虑，对负面的信息过度关注，夸大事实的严重性，导致思维变得僵化。

一位处在β波状态的妈妈正在辅导上小学的孩子做功课。孩子的态度不太认真，磨磨蹭蹭地，一会儿说口渴，要喝水；一会儿又说水喝多了，要上厕所。

这位妈妈感觉耐心快要用光了，有点焦躁不安。这时，她又听说孩子的期中考试成绩考得不理想，她就会展开丰富的想象力，在大脑中导演一部自认为的"恐怖电影"，觉得孩子刚上小学就这样，一定考不上重点高中，上不了重点高中就上不了重点大学，读不了重点大学就找不到好工作，找不到好工作就没有好婚姻，工作、家庭、生活处处糟糕，一辈子就完了……

这位妈妈只要一直碎碎念，反复地纠结于这一问题，就会陷入其中无法自拔，更无法想出提高孩子成绩的最佳办法。要摆脱这种情况，就要自觉地转换大脑状态，把它从β波转化为α波。

α（阿尔法）波的频率比较慢，频率范围从8赫兹到12赫兹，它能让我们从内心深处达到舒适的状态，会让我们忽视不合理的充满焦虑的想法。

要达到α波的状态，有一个非常简单易行的方法，就是冥想，或者将你的全部注意力放到你的呼吸上，从1数到5，反复数5分钟，大家不妨现在试一试。不过，我们也不能总是陷在α波中，否则会对任何事情的反应都很冷淡。

比如说，丈夫正在沙发上"葛优躺"，看直播的足球比赛，妻子正在做家务，让丈夫搭把手，丈夫却毫无反应，一动不动，因为他陷入了α波中，根本没有注意到妻子在做什么，更没有听到妻子在说什么。

但在妻子看来，丈夫就是在故意偷懒，装听不见。可想而知，这下麻烦大了，估计妻子马上会化身为河东狮吼。不过呢，如果妻子也处在α波状态，那就皆大欢喜，两人都可以"葛优躺"了。

θ（西塔）波的频率在4赫兹到7赫兹之间，更为缓慢，能够消除焦虑，提升幸福感。

δ（德尔塔）波的频率更低，在0.05赫兹到3.0赫兹之间，能让人进入深度睡眠状态。

γ（伽马）波的频率最高，在35赫兹到70赫兹之间，能让人的精神高度集中，快乐感增强，灵感乍现，这种脑波可以切断大脑焦虑和习惯性焦虑思维的通道，摆脱焦虑。要达到这一状态，就要在冥想训练上花费一些时间。

这五种脑波都是在同时工作的，相当于同事。你自然是它们的头儿，如果你管理得当，让大脑处于平衡状态，这些脑波就会听从你的命令，你就能根据需要，熟练地切换不同的大脑状态，用一种平和的心态看世界。

如果你不善于管理，让大脑处于失衡状态，这些脑波就会"造反"，不服从你的命令，你就会陷入各种麻烦之中，自然无法从容生活。

当然，我们也完全可以通过以下3种不同的训练方法迅速进入不同的大脑状态。

02

我们来看第一种方法，心智游移和未来导向思维。这在书中其实是两个方法，简单地说，一个方法是让思维飘回到过去，重拾自信；另一个方法是让思维飘到未来，通过对未来进行"GPS系统"定位，摆脱当下的焦虑。我们可以把它们结合起来使用。

心智游移是什么意思呢？指的是让你的思维随意地飘动，带你回到曾让你感到轻松快乐的过去，可以是你以前去过的地方或者是经历过的场景。

我们可以把它称为"开小差"。

这样就可以帮助我们进入 α（阿尔法）波状态，平衡大脑边缘系统，让大脑平静下来，看清楚自己真正想要的东西，找到解决问题的办法。

需要注意的是，在"开小差"的时候，要在特定的时间有目的、有意识地进行，不要随时随地漫无目的地"开小差"。

如果你在写一篇文章时每隔半个小时就开几分钟的小差，那文章恐怕会写得一塌糊涂，除非你写的是流水账或意识流。

另外，还要注意，一定要回想美妙的过去，而不是幻想回到过去进行报复性的活动。比如说，妻子刚和丈夫吵完架，心情很糟糕，她觉得自己在吵架时没发挥好，就不断地回想刚刚的场景，后悔自己当时脑袋转不过弯来，幻想自己应该说出简短的一句话，一招制敌，把对方噎得说不出话来。

这种心智游移除了浪费我们的能量，对我们一点儿好处都没有。

未来导向思维比较容易理解，就是让你调整思维方向，积极地设想你所期待发生的场景，把未来转化为可视化的情景，这样有利于你摆脱当下的焦虑和困惑，也会激发你想出更好的解决当下问题的方法。

我们在日常的生活中可能也有类似的体验，我们在考虑眼下或离我们很近的时间发生的事情时，总是觉得一切都很糟糕；但在想象稍微远一些的时间的场景时，就会充满乐观。

大家不妨回想一下十年前的自己，当时的自己可能陷入某种难以挣脱的焦虑中，现在再回头看，那都不是事儿。

所以，我们不妨让自己放松，想象自己十年后自己最成功的样子，从事什么样的工作，住什么样的房子，穿什么样的衣服。

如果有机会，那时候的你，会对现在焦虑的自己说些什么？有什么更好的建议？一旦你用积极的心态来看待未来，搞清楚你内心深处真正渴望的东西，你就能更好地把握现在，从而创造自己最期望的未来。

在生活中，我们可以把心智游移和未来导向思维这两种心理训练方法结合起来使用。

当你为焦虑所困时，你可以抽出5分钟的时间，找个让自己舒服的地方坐下来或者躺下来，让自己的思绪随意地飘荡，回到过去成功、快乐的时刻，重拾自信；再畅想未来，在十年甚至二十年后审视自我，这时你就会摆脱焦虑的困扰，并找出解决问题的最佳方法。

03

要从根本上消除焦虑，就要用解决问题的思维模式代替本能的情绪反应模式，也就是我们要讲的第二个训练大脑的方法，将神经再次模式化，切换"大脑回路"，重新建立我们的认知，塑造全新的思维模式。

通俗地说，就是"删号重练"，重新改写大脑程序。

只要你弄清楚哪些想法或者是事情会引发焦虑，然后对你的大脑重新进行训练，把另一个"大脑"回路打开，把全新的思想行为和情绪状态关联起来，重新掌控人生。

科学家指出，当你焦虑不安的时候，要将神经再次模式化，需要经过四个步骤。

首先，要对自己提问，用"好奇"的观察来取代当下的焦虑和恐惧。

你可以站在旁观者的角度问自己，发生了什么事？你为什么焦虑？当你开始思考这些问题的时候，焦虑就会降低。

第二个步骤是感受自己的身体，看看哪个部位感受到紧张和压力，再好好回想一下，你曾经在什么时候，在什么地方感受过这种压力，随后深呼吸，直到内心平静下来。

第三个步骤是问问自己需要做什么。比如你觉得自己需要感受到被呵护，那就去预约做一个SPA，这样就可以激活满足这一需求的情感回路。

第四个步骤是想象自己参加一些娱乐项目放松自己，或是加入自己感兴趣的团体，比如摄影爱好者协会、书法爱好者协会等等。

经过这四个步骤，你的大脑回路就会从焦虑转变到另一种状态。经常重复这样的练习，大脑的程序就会被改写，从而摆脱习惯性焦虑思维。

心理咨询师娜娜曾为一位极度焦虑的女性来访者提供过咨询，对方和前夫离婚了，但十几岁的儿子很叛逆；她年迈的母亲需要照料，但她的弟弟妹妹都不想帮忙；她的工作也一团糟，总是遇到难缠的客户。在娜娜的指导下，这位来访者开始用刚才所说的步骤来看待问题，她意识到自己总是扛起一切，总认为所有的事情都只能靠自己。

但这一想法并不是真实的。她回想起自己很久以前曾经坚持让弟弟妹妹分担照顾老母亲时，他们也同意了。

儿子也并不是一直都叛逆，只有当她忍不住对着儿子咆哮，不尊重儿子时，儿子才会做出出格的举动，她应该做得，就是不再威胁儿子。

随后，这位来访者重新拾起画画的爱好，加入了当地的一个艺术家团体，并找了一位指导老师，协助自己建立明确的个人界限，由此获得了对生活的掌控感。当客户再次提出不合理的请求时，她语气柔和并坚定地回绝，客户虽然大吃一惊，但并没有中断与她的合作，反而向她道歉。

所以说，虽然大脑的成分复杂，人的情绪多变，但还是很容易掌控的，只要我们站在旁观者的角度时时审视自我，根据自己的需要不断地调整方式，重新设定大脑程序，我们的人生就会发生翻天覆地的变化。

04

要始终保持你内在的最佳状态，就要运用第三种训练方法，也就是全脑同步运作。

我们在前面提到，进入 α（阿尔法）波状态可以帮我们有效消除焦虑。作者提到，相关的研究表明，要增强 α（阿尔法）波，快速进入 α（阿尔法）波状态，就要向东方学习，学会放下。

说起来，这真是一件很有意思的事情，在我们向西方学习心理学理论的同时，西方也正在向东方学习解决心理问题的根本之道。

在我们古老的东方智慧中，学会放下是一种很难达到的境界，如果在看待任何事情时，真能做到"天空飘来五个字儿，这都不是事"，那就不仅仅能不受焦虑的困扰，还能摆脱一切烦恼。

脑科学家指出，人在陷入焦虑时，左脑和右脑就无法协调地分工合作，大脑加工信息的能力也会降低，所以你就会在焦虑中苦苦挣扎，找不到解决问题的方法。

那如何才能让双脑同时进入 α（阿尔法）波状态呢？方法就是把你的注意力集中到"虚无"的状态上。

什么意思呢？

就是说，不要把你的注意力放到具体的物体上，而要放到物与物之间的空间上，专注于冥想。

大家现在可以跟着我写的来做一下：闭上你们的双眼，想象有一间空房子，房子里空空荡荡的，只有一个空杯子。

现在，把你们的全部注意力都集中于这个空杯子里的空间里，并慢慢地从1数到60，也就是持续1分钟的时间。

好，现在你们可以想一下，有什么事情让你焦虑？至少在冥想的这一分钟内，你是想不到的，因为人的注意力是有限的，当你把全部的注意力完全集中于空间上的时候，就没有办法考虑其他的了。

当然，你也可以把想象中的空房子和空杯子换成其他的东西，宇宙、星球都可以。只要你经常练习，你就能轻松地调动左右脑协调工作，焦虑也就消失得无影无踪。

如果你能时时活在当下，全神贯注地做一件事情，进入心流状态，也就是类似于中国古代的"物我两忘"状态，你就能随时随地感受到快乐。

其实要做到这一点并不难，你可以回想一下，你在玩"王者荣耀"的时候，是不是不渴不饿也不困？叫你吃饭你都听不见？

还有，你在看一本精彩的推理小说时，是不是全身心地投入其中，跟随着书中的人物一起哭一起笑，不知不觉地就过了两三个小时？如果做任何事情都能做到这一点，你就能发掘出最好的自己，打造一个全新的自我。

综上所述，要摆脱焦虑，就要改变思维模式，创造全新的思维模式。

下面，来简单总结一下。

首先，我们讲到了焦虑产生的根源以及习惯性思维是如何形成的；

随后，我们谈到了改变习惯性焦虑思维的心理训练方法，我们着重谈了其中的三种，分别是心智游移和未来导向思维、将神经再次模式化、全脑同步运作。通过这些方法，我们可以重新改写大脑程序，培养全新的思维模式，重新获得对生活的掌控感，从而拥有更加从容的人生。

格局养育，全心育儿

许多人都说，这是一个拼爹拼妈的社会。

但是，真正的拼爹拼妈，拼的不是谁能为孩子花更多的钱，买更多的名牌，拼的也不是谁为孩子付出得更多。真正的拼爹拼妈，拼的是父母的格局。

因为，父母的格局，决定了孩子的眼界和人生高度。父母的格局越大，孩子的未来才会越精彩。

01

父母的格局高，则孩子就能拥有很高的眼界，拥有一定的人生高度。

反之，孩子的眼界就会变得很低，就很难站到一定的人生高度上。

有一本书叫《父母的格局》，副标题是《成就孩子的第三种力量》，是一本融合了中西方育儿精髓的家教书，为读者分享一种全新的育儿方式，也就是用大格局的教育理念，推动孩子自我成长。

父母在面对孩子的教养问题无从下手的时候，可以采用这种全新的育儿方式，也就是用"大格局"的教育理念培养孩子。

所谓大格局，指的就是父母要有长远的目光，广阔的胸襟，博大的情怀，用不打不骂不吼的教养方式，轻松育儿。

如果每位父母都能用大格局养育孩子，那么在这样的教养环境下成长起来的孩子，他们的人生也将更有格局。

可不要小看父母的教养格局。

因为格局养育将育儿的理念推上了新高度。

在全球化的今天，孩子将来的舞台会越来越广阔。

作为父母，教育子女的理念也要国际化，视野要广阔，不能把孩子局限成井底之蛙，要运用"大格局的教育理念"培养孩子的社会责任感，养出大气的孩子。

02

首先，父母应做到大格局育儿。

有一句谚语说得非常好："再大的饼，也大不过烙它的锅。"

如果把父母的格局看作是这口锅，那孩子的格局就是锅里的烙饼，烙饼的大小完全取决于锅的大小。

那么，大格局育儿具体应该怎么理解呢？

大格局育儿，意味着父母要有开阔的视野，提高自己的见识，用肩膀托起孩子，让他们看得更远；

意味着父母要有宽广的胸怀，豁达大度，让孩子的心中能容下天地；

还意味着父母要有博大的情怀，让孩子拥有远大的抱负。

简单来说，你可以问问自己，你养育孩子到底是为了谁？

如果是为了你自己，那孩子最后拥有的只有你；如果是为了孩子的未来，那孩子在将来会更多地关注他自己；

如果你是为了更大的理想养育孩子，那孩子才有可能站在世界的舞台上。

看到这里，你可能觉得大格局育儿的理念太高大上了，有点儿不接地气。其实并非如此，这种育儿理念能帮助你把握育儿的大方向，也就是提供了一种育儿之道。

当你为孩子的种种问题焦虑万分的时候，你可以想想，具有大格局的父母会怎么解决这个问题？

所以说，大格局育儿的理念相当于一根定海神针，能帮助你"以不变应万变"，破解育儿路上的种种难题。

为人父母，要做到大格局育儿，并不是一件简单的事情，需要拥有三种大智慧。

03

第一种大智慧是读懂孩子。

俗话说，"一龙生九子，九子各不同"，每个孩子生来就是不同的。

作为父母，要了解、顺应孩子的天性，帮助他走上最适合自己的道路。

与此同时，要反思自己的教育方式，不断学习，成为更好的父母。

如果忽视孩子的灵性和自身特点，一味教条地教育孩子，恐怕不利于孩子的成长。

有一个叫小小的女孩性格开朗，非常有才华，文笔很好，画画不错，还能说一口流利的英语。

她的奶奶是数学特级教师，非常严厉。小小从小就住在奶奶家，由奶奶辅导功课。小小读小学时成绩一直不错，小升初时同时被两所学校录取，一所是区重点中学的重点班，另一所是外国语学校。

小小特别想去外国语学校，但家长执意把她送进了重点中学的重点班。没想到，读初中后，小小由于数学太差，严重偏科，很快成了重点班里的差生，奶奶没想到自己作为数学特级教师竟然教不好孙女，就开始抱怨、指责甚至辱骂小小，小小不堪忍受，从奶奶家"逃"回了自己家。

小小的妈妈去学校请教老师，老师则提议让小小转到普通班，小小的妈妈不忍心也不甘心，花费大量金钱给小小请数学家教，但小小的数学仍然不见起色，一家人也因此痛苦不堪。

为什么会这样呢？

因为小小的父母放弃了学做父母的机会，把教养小小的责任一股脑全都交给了奶奶，乐得清闲的同时也失去了发掘、呵护孩子灵性的机会。

而且，全家人对小小的要求非常功利，就是拿下数理化，从重点初中升入重点高中再到重点大学，完全忽略了小小的兴趣和语言天赋，结果导致小小成了垫底的差生，自尊心受到严重的打击，原本的自信也荡然无存。

如果当初能遵从小小的天赋，选择外国语学校，那小小很有可能拥有另外一种人生。所以作为父母，首先要读懂孩子。

04

父母需要拥有的第二种大智慧是要参与并尊重孩子的选择。

我们在前面提到要了解孩子的天性，顺应孩子的兴趣和天赋，但这并不意味着父母要当"甩手掌柜"，放任孩子去作不正确的选择。

而是要尽量和孩子一起体验他作选择的过程，同时潜移默化地渗透父母的影响。

只有这样，孩子在遇到挑战时，才不会轻言放弃，才有可能坚持到底。

与此同时，还要注意，千万不要拿孩子和别人作比较。正所谓，激励孩子不如以身作则，如果你的孩子拿你和别的父母作对比，怪你没有更好的社会地位，没有更高的收入，没有更耐心地对待，没买更大的房子呢？

你会如何面对？

父母需要拥有的第三种智慧，是相信孩子能通过自己的能力变得更优秀。

在让孩子自己做选择的时候，很多父母都害怕孩子选错，其实没有人能保证自己一辈子都是正确的，犯错是必然的。

作为父母，要有耐心，要给孩子成长的机会，要相信他有能力变得更好。

换言之，要让孩子有试错的机会，让他们体会到错误带来的失落和痛苦，明白要为自己的错误承担责任，然后自我完善，最后变得更强大。

父母需要拥有的第四个大智慧是对孩子放手。

现在很多家长对孩子过度保护，"捧在手里怕掉了，含在口里怕化了"，恨不得每天24小时围着孩子转。

这样一来，孩子根本就没有成长的机会，进入社会后一旦遇到挫折就会像蜗牛一样，缩回到壳里，成为"啃老族"。这样养出来的孩子，别说走向世界了，连走出房门，独立生存的勇气都会慢慢消失。

所以，父母要对孩子放手，培养孩子独立生存的能力，鼓励他们积极面对生活的挑战，让他们做自己的主人。

优化教育，构建实力

作为父母，应当如何才能做到大格局育儿呢？可以从四方面入手。

01

第一，做好早期优质教育。

指的是在孩子0~6岁时给孩子最好的早期教育。

现在，已经有越来越多的家长认识到，早期教育就像盖高楼大厦前打地基一样重要。

当下，各种早教课程让人眼花缭乱，各种育儿理念层出不穷，到底什么样的早期教育才是优质教育呢？

我们不妨了解一下其他国家的早教内容。

外国的幼儿教育注重个性和综合能力的培养，比如独立生活的能力、独立思考的能力、实际操作的能力，另外还注重培养幼儿的人文情怀和社会正义感。

还有的国家，则更关注幼儿与自然的关系、与国家和社会的关系，还注重体能训练和审美能力的培养。

这些国家的早期教育的共同之处，就是在本国传统文化的基础上，培养孩子健全的人格。举个例子，有一位作家在对自己的两个孩子进行早期教育时，从自己家的情况出发，重点关注三点：母语学习、探索世界并参与公益活动、人文艺术和运动的熏陶。

当然，每个家庭的情况不同，早期优质教育的内容也就不同。你不妨也想想，如何对自己的孩子进行早期优质教育呢？

02

要做到大格局育儿的第二方面，是要合理构建孩子的"硬"实力。所谓"硬"实力，就是需要花费大量的时间和经过系统地练习打磨出来的能力，包括分析能力、理解能力、写作能力、计算能力、口头表达能力、动手能力等。

小明的语文成绩很差，每次考试时语文成绩都不及格。如果你是小明的父母，你会怎么做呢？

在看到分数后千万不要暴跳如雷，骂孩子不努力，无能，而要控制情绪，重点关注分数背后能力的缺失。如果是因为作文写得不好，写作能力差，那父母就要和小明一起列一个阅读和写作计划，每天和孩子一起阅读，讨论阅读感想，一起写日记，一起讨论写作提纲等。只有着重于能力的培养，提高了"硬"实力，孩子才会享受学习的过程，爱上学习。

03

除了帮孩子构建"硬"实力，还要帮他们磨炼自己的"软"实力。

什么是"软"实力呢？简单来说，就是孩子独有的潜力、特长、品格、特质等。

有了它，孩子才能变得与众不同。

孩子的"软"实力有可能来自对某一事物的追求，有可能来自改变现状的愿望，也有可能来自父母和周围榜样的力量。

父母要不急不躁，用良好的心态帮助孩子塑造他们的"软"实力。这是第三个方面。

04

要做到大格局育儿的第四个方面，是要帮助孩子成为"优质人"。

那么，什么样的孩子才是"优质人"？

我们不妨先来看看常青藤大学甄选"优质人"的三个标准，一是学习成绩，二是综合素质和能力，三是价值观。由此可见，为人父母，除了要鼓励孩子成为学霸，更要培养孩子的使命感和社会责任感。

总之，父母要有高眼界，大视野，做到大格局育儿，需要拥有四个大智慧，读懂孩子，读懂自己；尊重并参与孩子的选择；耐心等待孩子成长；对孩子放手。

然后从上述四方面入手，做好早期优质教育，合理构建孩子的"硬"实力，找到孩子的"软"实力，帮助孩子成为"优质人"。

读懂孩子，成就未来

作为父母，要读懂孩子的言行举止，才能深入到孩子内心深处，才能帮助孩子成就未来。

那么，如何充分化解亲子矛盾，读懂孩子，成就孩子的未来呢？

01

身为父母，我们知道，养育孩子并不是一件容易的事情，在孩子成长的过程中，总要经历一道道"关卡"，如果处理不好，或者是用了错误的方式对待孩子，比如责罚、打骂孩子，孩子就会自我保护，像刺猬一样冒出一根根"利刺"，不仅刺痛孩子自己，也会划伤父母的心，亲子关系自然不再和谐。

那么，如何读懂孩子，提前找出潜藏在孩子身上的"利刺"，并轻松化解掉呢？这就需要父母在孩子关键的成长时期运用智慧来应对。

首先，在孩子的婴幼儿时期，要处理好分离焦虑。

分离焦虑，指的是婴幼儿在与自己有亲密关系的人，尤其是妈妈分离的时候，出现极度焦虑的反应，比如大哭大叫。

孩子通常会在妈妈刚休完产假去上班时或者孩子刚上幼儿园时出现分

离焦虑。这是孩子常见的心理问题，父母要用科学的方法引导孩子度过这一阶段。

妈妈在产假结束准备去上班之前，一定要提前一两个月让孩子习惯母乳以外的喂养方式，让孩子逐渐习惯离开妈妈的怀抱，并要尽早让孩子习惯由妈妈以外的人来陪伴，妈妈上班前要和孩子道别，下班后要高质量地陪孩子玩耍，这样孩子就会慢慢习惯和妈妈分离。

孩子上幼儿园前，可以讲一些有关幼儿园生活的绘本，经常带孩子去幼儿园玩，让孩子提前熟悉环境，提前按幼儿园的作息时间吃饭、睡觉，培养孩子的自理能力，还可以找几个周围的小伙伴一起上幼儿园，也可以让孩子带一个他喜欢的物品去幼儿园，减少孩子的分离焦虑。

在孩子渐渐长大后，可能会出现一些家长无法接受的行为，比如调皮捣蛋、顶嘴、爱看电视、玩手机，甚至说谎、打人等，有些家长可能就会变得越来越暴躁，觉得孩子变坏了，"三天不打，上房揭瓦"，一言不合就胖揍一顿，结果孩子看起来好像收敛了，其实过一段时间又会变本加厉，问题越来越多。

其实，打孩子并不能从根本上解决孩子的问题，反而有可能让孩子变得更叛逆，亲子关系则变得更差。而且，很多父母都是原本心里烦躁，借着教训孩子的机会发泄自己的情绪，让孩子成了替罪羊。

所以，孩子出现了问题，打骂孩子是下下策。

作为家长，要先反思自己的问题，看是否因为工作繁忙忽视了孩子等等。而且，在管教孩子之前，一定要管好自己的情绪，少说教，用心和孩子沟通。

02

随着孩子步入小学、中学，父母可能会更多地关注孩子的学习成绩，如果发现孩子学习不好，父母应当怎么做呢？

很多时候，孩子学习不好不一定是因为不爱学习，而是因为学习的方式不适合自己。

教育专家经过研究发现，孩子的学习类型主要分为三种：听觉型、视觉型和触觉型。

听觉型的孩子是用耳朵学习，视觉型的孩子是用眼睛学习，触觉型的则通过触摸实物来学习。

当然，每个孩子可能都是混合型的，只是偏重某种类型。

一般来说，听觉型的孩子通过听老师讲课就能掌握知识，视觉型的则主要通过看板书、看课本掌握学习内容。

相对来说，触觉型的学习速度可能就稍慢一些。

所以，如果你的孩子有学习方面的问题，不妨观察和思考一下，你的孩子主要是通过哪种方式来学习的，然后引导他结合学校的授课方式更高效地学习。

总之，父母有大格局，意味着要帮孩子顺利度过特殊阶段，比如分离焦虑、叛逆期、学习成绩不佳时，化解亲子"利刺"，成就孩子的未来。

作为父母，要有大视野，要有宽广的胸襟，不要为了自己养育孩子，不要把孩子培养成精致的利己主义者，而要尊重孩子的个性，从身边点滴的小事入手培养孩子的独立性，开阔孩子的眼界，让孩子拥有更精彩的未来。